Exils syriens
Parcours et ancrages
(Liban, Turquie, Europe)

Bibliothèque des frontières

Exils syriens
Parcours et ancrages
(Liban, Turquie, Europe)

Babels

le passager clandestin

Le programme de recherche de l'EHESS Babels réunit une quarantaine de chercheurs en Europe sous la direction scientifique de l'anthropologue Michel Agier, assisté de Stefan Le Courant. Des rencontres mensuelles « Babels, l'atelier public des villes-frontières » sont le lieu de cette recherche collaborative, et permettent l'écriture des 7 titres de la collection « Bibliothèque des frontières » des éditions le passager clandestin.
Le programme Babels s'inscrit dans une démarche participative en associant les savoirs produits par les enquêtes de terrain et les connaissances fondées sur les expériences des acteurs des milieux associatifs, institutionnels et médiatiques concernés par les questions liées aux migrants. Son but est de contribuer à la compréhension des migrations et d'aider au renouvellement des politiques publiques à l'égard des migrants.

Cet ouvrage a été coordonné par Assaf Dahdah et Nicolas Puig.
Y ont aussi contribué : Hala Abou Zaki, Mohammed Aïta, Céline Barré, Didem Danış, Leila Drif, Emmanuelle Durand, Franck Mermier et Valentina Napolitano.

Ce livre a reçu le soutien de l'Agence nationale pour la recherche

La collection « Bibliothèque des frontières » a reçu le soutien de la Région des Pays de la Loire

Éditions le passager clandestin
61, rue Sébastien-Gryphe
69007 Lyon

Couverture : Xavier Sebillotte (xavier.sebillotte@free.fr)
Corrections : Anne Kraft

Table des matières

Introduction

Dans ses réflexions sur l'exil, Edward Said propose de distinguer les exilés des réfugiés, ainsi que des expatriés et des émigrés. L'exil, « issu de la pratique antique de l'ostracisme », se distingue du refuge, « produit de la réalité du XXe siècle » : « le mot "réfugié" a pris une portée politique et évoque de vastes troupeaux d'individus innocents et désorientés, ayant besoin d'une aide internationale urgente, alors qu'"exilé" implique [...] une forme de solitude et de spiritualité »[1].

Ainsi la figure de l'exilé évoque-t-elle celle d'un étranger, parfaitement incarné, par exemple, par l'intellectuel russe du XIXe siècle, qui convertit en créativité « l'humeur hivernale » inhérente à sa situation[2], tandis que celle du réfugié est à rapprocher des indésirables dont il s'agit de canaliser et de gérer les masses indistinctes[3].

Les réflexions forgées par Edward Said à propos des mobilités humaines du XXe siècle rencontrent un écho dramatique dans le moment présent. Pourtant, il nous faut immédiatement nuancer la dichotomie faite entre le réfugié et l'exilé. Car les migrants qui cherchent refuge, ne fût-ce que par leur décision, aussi contrainte soit-elle, de se mettre en route, font preuve d'une certaine faculté à prendre leur destin en main ou du moins à tenter de le faire. Cette dimension est ainsi délibérément mise en avant dans cet ouvrage qui porte sur l'exil syrien, en premier

1. Edward Said, *Réflexions sur l'exil et autres essais*, Arles, Actes Sud, 2008, p. 250.
2. Selon les mots de Wallace Stevens, cité in *ibid.*, p. 257.
3. Voir Michel Agier, *Gérer les indésirables. Des camps de réfugiés au gouvernement humanitaire*, Paris, Flammarion, 2008.

lieu vers le Liban. Pour cela, il paraît important d'insister sur les parcours des femmes, hommes, enfants, sur les initiatives des individus comme sur les différentes configurations d'acteurs qui refondent à l'étranger et depuis l'étranger, des réseaux d'entraide, de coopération et de création. Il s'agirait de la sorte de discerner l'exilé derrière le réfugié, de substituer à l'image d'une masse humaine désemparée, celle de personnes qui tentent d'avoir prise sur leur futur, entre le *subir* et l'*agir*, la souffrance et l'espoir.

Il est vrai que l'exil syrien contemporain répond, par son ampleur, et de façon ô combien dramatique, à l'évolution des migrations inhérentes aux conflits modernes des XXe et XXIe siècles ; le nombre de réfugiés et de déplacés intérieurs (au sein d'un même pays) atteint même des records depuis des décennies[1]. Et dans ce décompte, la Syrie fournit le plus grand contingent de réfugiés internationaux au monde (et le deuxième après la Colombie pour les déplacés). En 2016, ils étaient 5,5 millions de personnes à avoir fui le pays, soit plus de deux fois plus que les 2,5 millions d'Afghans qui forment le deuxième groupe national le plus représenté dans la sinistre comptabilité contemporaine du refuge. Si, en nombre absolu, la Turquie accueille le plus de ressortissants syriens (2,9 millions), c'est, une fois rapportés à la population nationale, le Liban qui produit l'effort d'accueil le plus conséquent, avec plus d'un million de réfugiés pour près de 4 millions d'habitants[2].

1. Plus de 65 millions de réfugiés et déplacés en 2016. Source : UNHCR, *Global Trends. Forced Displacement in 2016*, 2016, p. 2 (consultable sur huit.re/jm31ZoNh).
2. Le nombre de Syriens enregistrés au Liban auprès du HCR s'élève à un peu moins d'1 million de personnes en décembre 2017. Mais l'on estime à plusieurs dizaines de milliers les personnes présentes mais non enregistrées auprès de l'institution internationale. Les statistiques sont accessibles sur le site du HCR (consultable sur huit.re/VstYf5T6).

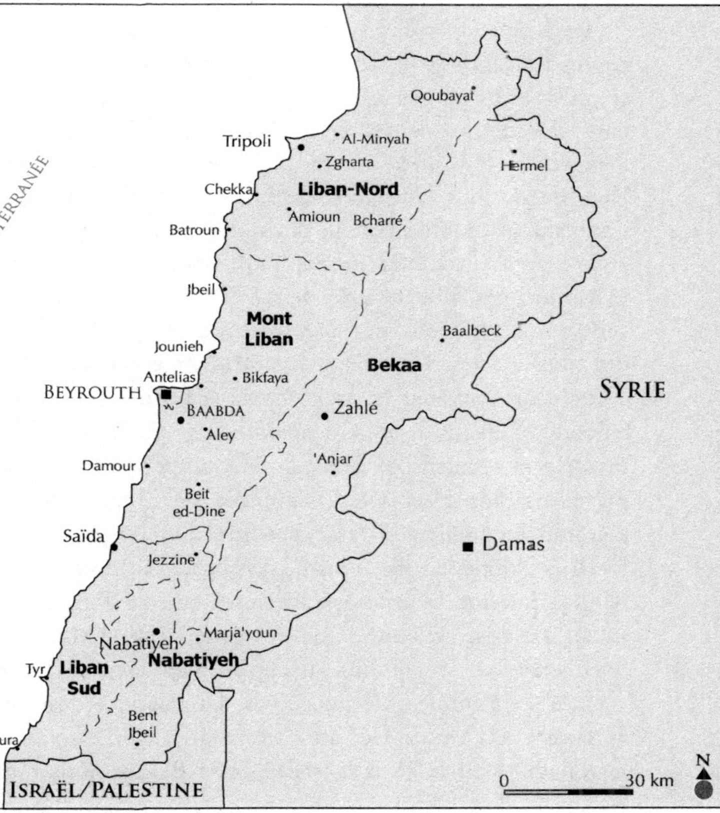

■ BEYROUTH	Capitale nationale	— —	Limite des muhafazates
• Saïda	Chef-lieu de muhafaza	**Bekaa**	Nom de la muhafaza
• Naqoura	Localité secondaire	——	Frontière internationale

Sources : Atlas du Liban (Ifpo-CNRS, 2007), Liban (GEOprojects, 2008), Carte du Liban (Université du Texas, 2002)

Le Liban est concerné de longue date par les mobilités régionales générées par les disparités économiques d'une part, et provoquées par l'instabilité politique et les guerres d'autre part – les siennes, certes[1], et aussi celles des autres. Ainsi, pour s'en tenir à l'histoire récente, dès 1948, 700 000 à 800 000 Palestiniens sont contraints de fuir, et 100 000 d'entre eux s'implantent durablement au Liban. Le nombre de Palestiniens y est à présent estimé à un peu moins de 200 000 âmes[2]. On y compte par ailleurs près de 50 000 réfugiés irakiens. Ce sont principalement des membres de minorités religieuses qui transitent ou s'installent durablement au Liban, suite aux événements survenus en Irak depuis la fin des années 1990 : embargo, invasion anglo-étatsunienne, chute de Saddam Hussein et combats entre les différents groupes militaires en présence. Plus récemment, l'avancée de l'État islamique a conduit des milliers d'Irakiens à fuir, dont les habitants des localités chrétiennes de la plaine de Ninive qui trouvent refuge dans la province autonome du Kurdistan, en Jordanie et au Liban. La crise syrienne actuelle, quant à elle, d'une ampleur sans précédent, a conduit au déplacement vers le Liban de centaines de milliers de personnes. La majorité des réfugiés enregistrés est concentrée au nord et à l'est du pays, dans la région du Akar et dans la vallée de la Bekaa. Mais nombre

1. Ainsi, de très importants déplacements internes et internationaux de Libanais prennent place durant la guerre civile de 1975 à 1990 et, depuis, à différentes reprises au cours de l'histoire mouvementée du pays, comme en 2006, lors de la guerre dite des « Trente-trois-jours ».

2. Selon l'Unrwa, environ 450 000 réfugiés palestiniens sont enregistrés et résident encore au Liban, principalement dans les camps (consultable sur huit.re/w_U6xpD0). Or, nombre d'entre eux ne vivent plus dans les camps et beaucoup ont quitté le pays où les discriminations à leur encontre contraignent leur accès au marché du travail. Un recensement réalisé en 2017 indique que le nombre de Palestiniens résidant dans les camps et les groupements au Liban serait inférieur à 175 000 personnes (consultable sur huit.re/Jq_1y-gD).

d'entre eux se sont également installés dans la région du Mont-Liban, dans des villes côtières du Sud comme Saida et Tyr, et à Beyrouth qui accueille le tiers des Syriens présents dans le pays.

Dans cette ville, le quartier de Sabra, avec son marché qui génère une importante activité commerciale, constitue un point d'ancrage pour de nombreux Syriens. Sabra représente plus généralement un véritable carrefour des mobilités, un filtre sensible des trajectoires internationales passées au tamis de ses ressources et de son informalité.

Le marché de Sabra

Situé à la limite méridionale de la municipalité de Beyrouth, entre des groupements palestiniens, des secteurs informels et le camp de Chatila, habités par des populations que les conflits présents et passés ont souvent opposées[1], Sabra est caractérisé par ses fragmentations sociales et politiques, la marginalisation

1. Cf. *infra*, Carte de Beyrouth, p. 78.

de ses habitants, et les inégalités sociales et citoyennes. Sabra peut être considéré comme un système de placement qui distribue l'accès au logement des populations nouvellement arrivées de Syrie, mais également du Soudan, d'Éthiopie ou du Bangladesh, et par les relations de ces dernières avec les propriétaires et le voisinage.

Toutes ces populations se croisent sur le marché. Aussi n'est-ce pas surprenant que Khaled, jeune Syrien originaire de Manbij dans la région d'Alep, y trouve refuge lors de son exil au Liban de 2013 à 2017. Il y rejoint son cousin Hassan qui réside et travaille au Liban depuis plus de dix ans. À la différence de Khaled, qui ne dispose pas de titre de séjour au Liban, Hassan s'insère dans le pays de façon légale et pérenne. Aujourd'hui, Khaled est retourné à Manbij et devrait se marier dans le cours de l'année. Son cousin, fin connaisseur de Sabra, continue de se rendre sept jours sur sept dans le magasin de vêtements où il est employé, depuis son appartement situé dans un autre quartier de la ville, où il affirme s'être installé pour couper un peu avec l'ambiance saturée du marché.

Un peu plus loin sur le marché, deux bouchers syriens, originaires de Hama, se désolent de l'évolution de leur pays en observant d'un œil étonné et lointain les migrants du Bangladesh déployer au petit matin leurs produits sur le sol, dans le prolongement de leurs échoppes, là où quelques instants plus tôt pendaient les carcasses de mouton suspendues à des crochets d'acier. Autre exemple de ces mobilités syriennes vers le Liban, un vendeur de fruit de Sabra, depuis plus de dix ans au Liban, a fini par acheminer l'ensemble de sa famille à Beyrouth depuis Idlib, où vivaient sa femme et une partie de ses enfants, et Damas où son fils aîné poursuivait des études supérieures en psychologie. Son plus jeune fils, quant à lui, venait régulièrement de Syrie à Beyrouth soutenir son père dans son travail.

Ces figures humaines d'un marché de Beyrouth illustrent la complexité de la présence syrienne au Liban, notamment depuis la répression sanglante qui a suivi le déclenchement du mouvement de contestation populaire en Syrie, en 2011, puis la militarisation du conflit qui a suivi. Elles montrent qu'au moins jusqu'en 2014, date à laquelle de nouvelles mesures de régulation des entrées et du séjour des Syriens au Liban ont fortement restreint les passages, de nombreuses circulations prenaient place entre les deux pays[1]. En effet, avant la guerre en Syrie, 400 000 à 500 000 Syriens, principalement des hommes, travaillaient de façon saisonnière et régulière au Liban, constituant l'essentiel de la main-d'œuvre non qualifiée des secteurs du bâtiment, de l'agriculture et des services. Ainsi, pour une partie des Syriens au Liban, ce qui devait être un séjour de courte durée, structuré par la migration de travail historiquement instituée, se transforme inexorablement en un exil aux perspectives de retour incertaines.

Le Liban, mais également la Turquie et, spécifiquement, leurs capitales, forment de la sorte un laboratoire pour étudier les formules de l'installation et de la coprésence dans la ville, en même temps qu'un point d'observation des trajectoires migratoires du Proche-Orient vers l'Europe à laquelle ces pays sont connectés de multiples manières. Ainsi, un nombre significatif de parcours relient les lieux de l'exil – la Syrie, Beyrouth ou Istanbul –, les villes-carrefours comme lieu de refuge et de transit, et l'Europe, horizon du voyage où réside

1. Lama Kabbanji, « Migration forcée et politiques migratoires. Le cas des réfugiés de Syrie au Liban », in Cris Beauchemin et Mathieu Ichou (dir.), *Au-delà de la « crise des migrants ». Décentrer le regard*, Paris, Karthala, 2016, p. 97-107.

une importante diaspora proche-orientale constituée de Libanais, de Syriens et de Palestiniens[1].

1. Voir Liliane Kfoury et Nicolas Puig (dir.), *Réfugiés et migrants au Liban, Hommes et migrations*, n° 1319, septembre-décembre 2017.

Récit d'un exil, depuis Damas jusqu'à Marseille

Mohamed Aïta, mécanicien de Damas

Mon exil a commencé en décembre 2012 ou janvier 2013, je ne sais plus exactement… J'étais installé à Damas, je vivais une vie paisible, je n'étais ni dans le luxe ni dans la pauvreté… La révolution a commencé, la situation s'est compliquée, le travail a diminué. Mon père ne pouvait plus travailler comme chauffeur de bus à cause des barrages militaires. Notre famille est à 90 % avec la révolution. Et si l'un de nous disparaissait, on savait qu'il était torturé et tué, puis que ce serait au tour de quelqu'un d'autre. Mon frère, des cousins et des amis ont disparu, torturés. Je sentais que c'était bientôt mon tour.

Alors j'ai contacté Abu Mazen, un ami chauffeur sur la route Damas-Beyrouth, et j'ai fui, un matin, il était 6 heures je crois. Pour sortir du quartier de Doumar, je devais passer un barrage devant mon ancien garage. Je savais qu'il y avait des amis de l'école qui étaient militaires à ce barrage. Le jour où ils s'y trouvaient, j'en ai profité pour passer. Abu Mazen m'a conduit jusqu'à la frontière puis jusqu'à Beyrouth. Au moment de passer la frontière, on s'est mis d'accord. Je le regardais par la fenêtre lorsqu'il présentait les papiers des passagers. S'il fronçait les sourcils, ça voulait dire : « Fuis ! ». Mais tout s'est bien passé, on a passé la frontière et mes nerfs se sont relâchés, ma peur de mourir s'est évanouie. Je me souviens que j'avais la marque de mes ongles sur la paume de mes mains tellement je serrais fort.

Nous sommes arrivés à Beyrouth. J'ai réservé un billet d'avion vers 11h30. Mon avion était le lendemain à 6 heures du matin.

Je dormais dans l'aéroport. J'errais, mais je n'avais plus peur. Mon épouse était chez ses parents, j'étais tranquille. Le lendemain on m'a dit que les renseignements étaient passés chez moi et chez mes parents. Ils m'ont accusé de faire partie de l'Armée syrienne libre et d'armer les résistants. Alors ils ont détruit mon garage. À partir de là j'ai compris que je ne pouvais plus rentrer à Damas.
Je me suis installé à Antalya [Turquie], chez ma sœur, partie avec son époux juste au début des violences. Je suis resté chez eux un mois environ, jusqu'à ce qu'ils me trouvent un travail. J'ai pu ensuite rassembler un peu d'argent pour faire venir mon épouse et mes enfants. Mon salaire couvrait juste le loyer, soit 800 livres turques [LT – environ 200 euros]. Heureusement mon frère est venu et on a pu compléter les revenus : l'un payait le loyer, l'autre le reste. On avait juste de quoi subvenir à nos besoins et on ne voulait pas demander de l'argent à ma sœur. Un jour mon beau-frère nous a demandé de venir leur rendre visite, on n'avait même pas de quoi payer le trajet. On cherchait les centimes dans les recoins de l'appartement et j'ai dû m'y rendre tout seul. On avait des problèmes de papiers, les enfants n'étaient pas scolarisés. Il me fallait au moins 800 dollars pour régulariser tout le monde et 10 000 dollars à déposer sur le compte en banque. On a vécu le séjour en Turquie comme une humiliation quotidienne. C'était comme une « vie zéro ». On avait juste de quoi se loger et se nourrir. Les enfants voyaient les autres et voulaient la même chose – des biscuits, des jouets –, mais on n'avait pas de quoi leur payer quoi que ce soit. Ça me blessait profondément.
Puis j'ai trouvé un travail de chauffeur chez un monsieur qui avait aussi une oliveraie avec une petite maison, une sorte de cabanon en bois et zinc. On a vécu chez lui un an et demi. Je devais être chauffeur mais j'étais surtout paysan – je désherbais, je ramassais les pierres, je taillais les arbres. Je travaillais et ça allait un peu mieux. On n'avait plus de loyer à payer. Puis le monsieur est tombé malade. Il ne voulait plus m'employer. Et là, on s'est senti coincé et on a pensé à l'Europe, surtout pour l'avenir des enfants.

Ma fille avait 7 ans et ne savait ni lire ni écrire. Mon fils avait 5 ans et pas d'avenir en Turquie.

Nous étions sans argent… C'était le mois d'août 2015. On a décidé que mon père vendrait sa maison et qu'on partirait tous ensemble, avec mes frères, mes parents et ma belle-sœur. On a commencé à chercher les passeurs pour le départ. Nous avons cherché sur Facebook où on a rencontré trois hommes, un Turc, un Syrien et un Afghan, qui travaillaient ensemble comme passeurs. Ils étaient à Bodrum. On s'est mis d'accord : ils nous ont loué une pension à Bodrum où on a séjourné deux jours. Puis ils nous ont fixé un rendez-vous pour le voyage – pas vraiment un voyage, mais bon… –, ils nous ont indiqué un point de rendez-vous pour retrouver d'autres personnes, mais je ne me souviens plus du nom, attends, je regarde sur Google Maps… Je ne sais plus, c'était une région pleine de forêts et de cultures. On descend du bus et on ne voit personne, c'était en pleine nuit. On les appelle, ils nous renvoient vers un deuxième point de rencontre.

Là, il y avait la police et la gendarmerie qui attrapaient tout le monde. On faisait tous comme si on ne se connaissait pas. Chacun est parti de son côté. On appelle les passeurs qui nous disent de rejoindre un troisième endroit… il était 3 heures du matin. On prend un taxi pour 100 LT [environ 24 euros], et là, au milieu de rien, il y avait quarante personnes. Le passeur arrive, feux éteints, et nous emmène sur un chemin agricole. On devait éteindre nos téléphones et être totalement silencieux. On croyait être arrivés à la mer, mais non, c'était un cours d'eau. Ils gonflent le bateau pneumatique et nous, on enfile nos gilets. Puis dix personnes supplémentaires arrivent. Nous étions donc cinquante, alors j'ai gueulé et je leur ai dit qu'on ne montait pas à plus de quarante. Et à ce moment-là j'avais une famille de sourds-muets sous ma responsabilité, une famille que personne ne voulait accompagner et qui était bloquée à Bodrum. J'ai décidé qu'ils viendraient avec nous.

On a descendu le cours d'eau au milieu des roseaux et des herbes, on avait peur que le bateau se perce et que l'hélice se prenne dans les herbes. On a navigué cinq heures sur le cours d'eau puis la mer est apparue au levé du soleil. En mer, le moteur est tombé en panne, je le réparais et il tombait en panne. Heureusement que j'avais demandé des outils aux passeurs avant de partir. On a eu une panne d'essence aussi. À l'embouchure du fleuve, deux hommes sont venus et nous ont indiqué le cap à suivre : une lumière sur l'île grecque de Nera. Ils nous ont donné deux gallons d'essence et sont partis comme ils étaient apparus. Un Marocain de 20 ans pilotait, mais n'importe comment. Alors je l'ai poussé et j'ai pris sa place. Et là, ce sont les vagues qui nous remuaient, les femmes et les enfants criaient. On essayait de les calmer pour ne pas chavirer. On les a placés au milieu et les hommes se sont placés au bord pour se jeter au cas où, sauf deux qui voulaient être avec les femmes.

Au bout de deux heures trente environ, un bateau des gardes-côtes grecs est arrivé. Ils essayaient de nous faire chavirer, partaient et revenaient très vite vers nous. On ne comprenait pas pourquoi ils faisaient ça ! Mais le bateau pneumatique a tenu le coup et au bout d'un moment ils ont jeté les cordes et nous ont fait monter à bord avant de percer notre embarcation. Puis ils nous ont débarqués sur l'île militaire grecque de Nera. Ils étaient brutaux. Ils ont même bousculé ma mère, gratuitement, une vieille dame. Les officiers sont venus, ils ont pris nos empreintes et nous ont emmenés sur l'île de Kos. On arrive à midi, ils reprennent nos empreintes et on attend encore un bateau qui arrive deux jours après. On part pour la ville de Kavala, c'est un point de départ parfait pour commencer la route des Balkans. On a passé l'épreuve de la mer et maintenant on affronte le froid.

En Macédoine on nous aide beaucoup. Les gens nous orientent, nous mettent dans les trains pour l'Albanie. Puis on passe au Kosovo. Enfin, je ne sais plus dans quel sens c'était. On se retrouve dans une gare perdue dans la forêt où plein de réfugiés se sont

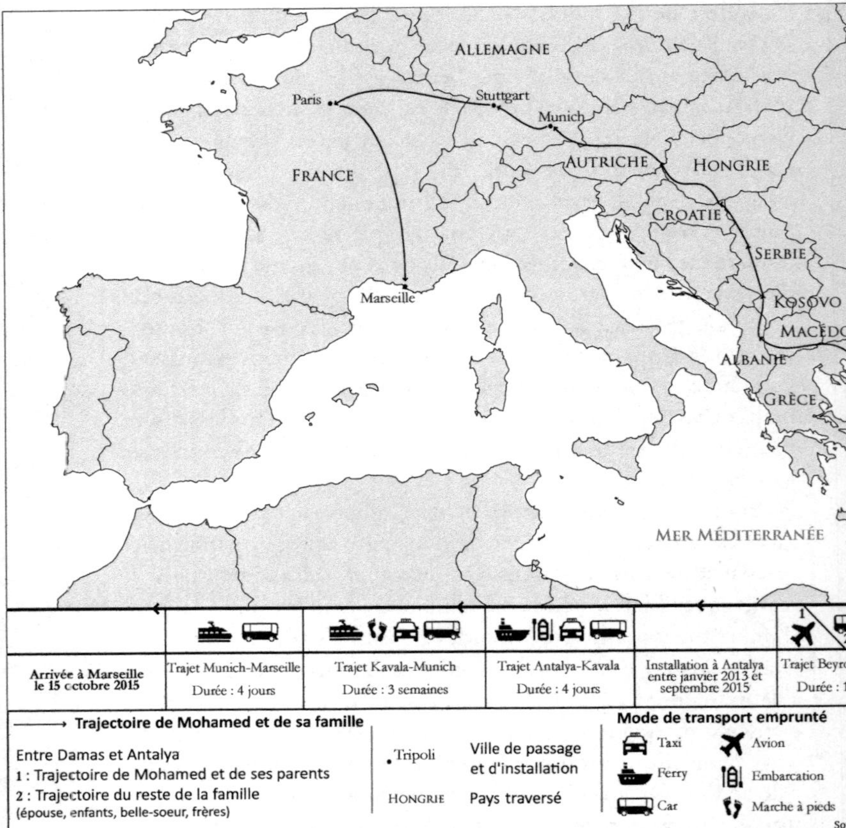

concentrés. On nous annonce que le prochain train ne passe que dans une semaine. Alors on se concerte avec la famille des sourds-muets et on décide de prendre des taxis en négociant les prix. À chaque route, les habitants ont érigé des barrages pour éviter que les taxis passent. Pour les contourner, nos chauffeurs passent dans la forêt pour rejoindre l'autoroute et une gare, elle aussi perdue au milieu de rien. Il n'y avait que des vendeurs de

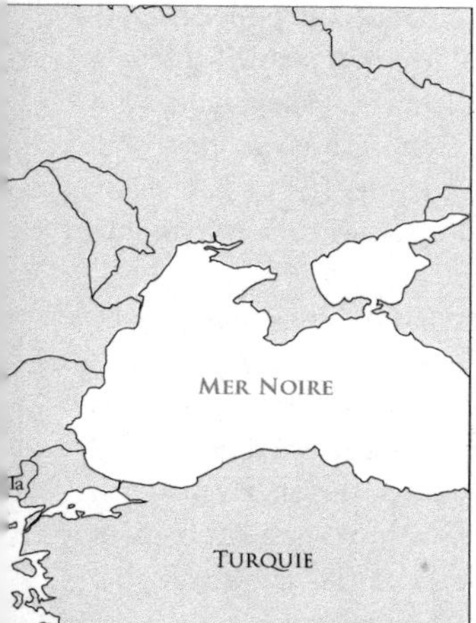

sandwichs. On avait peur des mafias dont tout le monde nous parlait. Et les chauffeurs comme les habitants étaient tous ivres. À la gare ils ne prennent ni dollars ni euros, mais on arrive à monter dans le train qui nous conduit à une station de bus avant la frontière serbe. À la frontière, la police serbe nous attend avec des jus, des pommes. On patiente deux heures avant qu'ils nous déplacent vers une sorte de camp… On suivait une direction, sans réfléchir aux noms, c'est pour ça que ma mémoire flanche maintenant.

Au camp, il n'y avait rien pour dormir et il faisait très humide, il pleuvait je crois. On a froid, alors on quitte le camp et on prend des taxis en direction d'une station de bus pour rejoindre la Croatie. Il fallait avancer coûte que coûte. Puis on a rejoint la Hongrie, mais là-bas ils ne nous ont pas laissés nous reposer. Ils nous ont fouillés, scannés, tout ça en plein champ ! Je te jure, ils utilisaient les mêmes appareils que ceux dans les aéroports, mais au milieu du maïs ! Ils nous ont pris nos affaires à la station de bus : cigarettes, médicaments, briquets. Ils ne nous ont rien laissé. Là, ils nous ont mis dans des trains pour l'Autriche. L'Autriche, c'est le plus beau des peuples. Ils nous ont mis dans un stade tout aménagé pour nous accueillir. On y est resté une nuit ou deux. Deux nuits, je me souviens que c'était impossible de réserver des billets de train tant il y avait de monde, et on avait la famille de sourds avec nous. Le père des sourds a demandé à la police d'avoir un interlocuteur, et ils lui en ont trouvé un, incroyable ! Il leur a expliqué que lui et sa famille voulaient partir en Allemagne. Une des policières s'est même mise à pleurer. Ils nous ont mis ensemble dans un fourgon. On les a aidés jusqu'en Autriche et là ce sont eux qui nous ont aidés. Cette langue des signes c'est mieux que l'anglais !

On arrive à la frontière, et la police allemande nous attend avec un traducteur sourd-muet. Et là on se sépare… Non, ils nous emmènent dans un camp pour qu'on s'installe quelques jours. Mes parents voulaient rejoindre mon frère cadet en Allemagne, le père sourd son frère en Suède et moi je voulais venir en France. On parlait avec son frère en Suède pour lui dire que tout allait bien, et si on avait Internet il parlait directement ensemble. C'est vrai qu'il était muet, mais c'était un costaud et un courageux !

On s'installe dans le camp, puis on va au marché pour acheter de quoi manger. Mais on n'a même pas le temps de manger qu'ils nous conduisent dans une sorte de prison, je te jure, une vraie prison. On ne comprenait pas pourquoi, soudainement, ils nous mettaient en cage. En fait ils commencent à nous fouiller, à demander les identités. Ils nous mettent à poils, même Zeina [3 ans], ils la mettent à poils. On ne se pose pas de question. À peine habillés, ils nous font monter dans des bus pour rejoindre Munich. C'est le mois d'octobre, il faisait déjà très froid, -1°C. On devait être dans un camp, mais qui était complet. On s'est retrouvé dans la rue et on attendait : 22 heures, 2 heures, 4 heures… On va voir la police et ils nous engueulent. Finalement, ils nous envoient dans un restaurant. Moi, j'ai pété un plomb. J'ai dit à mes parents que je partais en France… Ah oui, quand ils nous ont fouillés, ils nous prenaient nos papiers. Mes frères et mes parents ont perdu leur passeport, moi je les avais bien cachés. Mais je ne veux pas qu'ils sachent où alors tu n'écris pas…

Ma belle-sœur ne savait pas ce qu'elle voulait, mes parents non plus. Dès que j'ai mis le pied dehors, ils m'ont tous suivi. Là, mon beau-frère nous appelle de Turquie et nous dit de rejoindre son frère à Marseille qui a tout prévu pour nous accueillir. On part pour Stuttgart d'où on prend le train pour Paris. À Paris personne ne t'approche. Nous avons déjeuné et pris le billet pour Marseille. Nous sommes arrivés à Marseille à minuit. On a dormi à dix chez un Syrien originaire de notre quartier de Doumar, tu imagines, à dix dans son deux pièces. Puis, à 7 heures du matin, nous étions en quête de la Plateforme asile. On tournait en rond, entre la gare et la Canebière. Et à 14 heures, on trouve la Plateforme asile. Ils nous disaient de revenir demain. Mais on n'en pouvait plus, ça faisait un mois que nous étions sur la route. Les enfants se sont allongés par terre. Là, la directrice a très vite trouvé un logement pour les parents et les enfants. Mais mes parents et mes frères, ils les ont renvoyés vers le 115. Et après, c'est l'histoire de notre installation à Marseille…

Lieu de destination et de transit, Beyrouth, et à travers elle le Liban, est donc une ville incontournable des parcours migratoires internationaux entre le Proche-Orient et l'Europe. Elle offre également un point de vue privilégié pour mieux saisir la complexité et les enjeux des migrations internationales contemporaines. Cet ouvrage propose donc un décentrement du regard sur les circulations contemporaines à destination des lecteurs français et francophones qui construisent une vision forcément ethnocentrée de ces questions. Il documente et analyse principalement les insertions des Syriens au Liban, tout en proposant des éclairages sur la Turquie et des descriptions de parcours et d'itinéraires.

En droite ligne du projet d'anthropologie publique qui sous-tend le programme Babels, l'observation de la situation au Liban et, dans une moindre mesure, en Turquie a pour objet de contribuer à l'élaboration des réponses globales à partir d'un référent empirique « hors champ ». En effet, l'analyse scientifique des migrations européennes et le débat public qui s'y rapporte gagnent à prendre en considération les enseignements d'un terrain extra-européen. Depuis la ville-refuge, qui est aussi une lointaine frontière de l'Europe, les migrations se déploient sous des formes spécifiques, et provoquent des effets sociologiques et anthropologiques – formes de l'accueil, hospitalités et rejets, rapports d'altérité, institutionnalisation de l'aide, politisations des enjeux, etc. – dont la dimension paradigmatique pourra être évaluée.

Comme il est écrit dans ce livre, « tandis que Londres a les yeux rivés sur Calais et que Paris surveille Vintimille, Beyrouth accueille près de 30 % du million de Syriens ayant officiellement trouvé un abri au Liban. Si certains Syriens prennent la route pour un ailleurs, d'autres font le choix [plus ou moins contraint] de l'attente indéterminée, chez le voisin, dans l'espoir du retour ».

L'enquête au Liban et à Beyrouth apporte ainsi un regard sur les contextes et les interactions provoqués par les déplacements de population, notamment depuis l'éclatement de la crise syrienne, au sein du Proche-Orient et entre cette région et l'Europe. Elle s'attache à la description des politiques et des pratiques d'hospitalité et/ou de rejet vis-à-vis des étrangers, à commencer par les réfugiés syriens dont la gestion politique au Liban est déterminée, d'un côté, par l'histoire de la circulation des travailleurs syriens au Liban et des relations complexes entre les deux États depuis leur indépendance, et, de l'autre, par la longue et complexe histoire de la présence palestinienne dans ce pays qui constitue un précédent que les autorités et une partie des Libanais ne souhaitent pas renouveler. L'enquête apporte aussi des données inédites sur l'une des plateformes d'où les Syriens, les Palestiniens (de Syrie ou du Liban), mais aussi les Libanais empruntant ces nouvelles routes ouvertes, partent vers l'Europe ou tentent de le faire.

Cet ouvrage s'intéresse en cinq chapitres aux exils syriens au Liban, il cherche à mettre en avant la diversité des profils et des attentes des réfugiés, et leurs interactions avec la société libanaise, qu'elles soient institutionnelles ou informelles. Il propose deux éclairages sur les exils syriens en Turquie (Istanbul et Gaziantep) ainsi que deux récits de parcours vers et en Europe, et un encadré sur le programme français de réinstallation. Il ne prétend pas à l'exhaustivité mais permet une lecture de différentes insertions des exilés syriens au Liban, sur des temporalités très variables.

Il s'agit tout d'abord de déterminer les parcours d'accès des réfugiés syriens aux institutions d'assistance. À l'origine destinés à la population libanaise, sans distinction communautaire, les centres sociaux du ministère des Affaires sociales se sont progressivement ouverts aux réfugiés syriens, sous l'impulsion des bailleurs de fonds internationaux – Programme des Nations unies pour le développement (Pnud) et Haut Commissariat des Nations unies pour les réfugiés (UNHCR) – en étroite collaboration avec les ONG locales et les municipalités. À ce titre, ils représentent un objet ethnographique pertinent pour observer les formules de contact entre ceux des établis qui sont exclus socialement et les réfugiés, d'une part, et entre ces derniers et les institutions publiques locales, d'autre part. Ces centres sociaux de développement ne constituent cependant pas les seuls acteurs dans la prise en charge sociale des réfugiés syriens mais forment le dernier maillon de la chaîne d'assistance[1].

L'enjeu sera donc de comprendre si le rapport des réfugiés aux institutions d'assistance influe sur leurs modes de

1. Cf. *infra*, « Les trajectoires de l'aide : l'accès des réfugiés syriens aux institutions d'assistance au Liban », p. 29-44.

subjectivation et oriente leur trajectoire sociale. À l'inverse, on pourra se demander si la mobilisation des acteurs humanitaires et « l'expérience réfugiée » contribuent à reconfigurer le sens et la mission des institutions sociales publiques, et à remodeler les lignes communautaires de la solidarité. En ce sens, ce volet de l'enquête se veut une contribution à l'étude de la manière dont les politiques locales, nationales et internationales s'imbriquent et s'arriment à des initiatives solidaires informelles pour créer des formes d'hospitalité publique.

L'un des enseignements de cet ouvrage, qui permet d'ajouter une pièce à la discussion autour du distinguo opéré par Edward Said, est que le qualificatif et le statut de réfugié (qui n'en est pas vraiment un au Liban puisque ce pays n'est pas signataire de la convention de Genève de 1951 qui fixe le cadre légal du refuge) occulte la diversité des profils, des expériences et des parcours. C'est ce que montre de façon exemplaire le chapitre consacré au camp de Chatila. De fait, une partie de ces réfugiés syriens sont en réalité des réfugiés palestiniens de Syrie qui ont dû fuir ce pays, notamment à la suite de la destruction du camp de Yarmouk, à Damas, et qui, entre solidarités et tensions, s'installent dans les camps palestiniens au Liban. Certes, la présence syrienne à Chatila n'est pas nouvelle, mais l'arrivée et l'installation dans la durée de Syriens ne vont pas sans certaines tensions entre « nouveaux » et « anciens » réfugiés, là où, naguère, prenaient place la solidarité et la compassion[1].

Une autre partie de ces réfugiés sont des intellectuels et des artistes syriens qui déploient depuis Beyrouth, dans un contexte politique incertain, leur activité en exil, reconduisant ainsi la fonction de « zone franche culturelle » que remplit la ville au sein des capitales arabes du fait de la plus grande liberté

1. Cf. *infra*, « Réfugiés de Syrie dans les camps de réfugiés palestiniens au Liban : le cas de Chatila », p. 45-60.

ou de la moindre censure qui y règnent. La présence à Beyrouth de militants, d'artistes et d'intellectuels syriens entraîne la production d'une nouvelle culture syrienne mobilisée par l'urgence de témoigner. Elle se développe dans la ville, même si les départs pour l'Europe, les États-Unis ou la Turquie sont importants, mais elle excède largement l'horizon libanais pour s'inscrire « dans le territoire mouvant de l'exil et dans celui projeté de la Syrie en devenir »[1].

Usage des réseaux sociaux pour accéder aux aides ou mobilisation des espaces urbains pour établir un petit commerce à la sauvette, une partie des développements qui suivent montre les ressources déployées par les Syriens au Liban et ce qu'on pourrait appeler leur « agentivité » (leur capacité d'action) dans un contexte globalement défavorable. L'inscription de jeunes vendeurs de rue syriens dans l'espace urbain de Beyrouth témoigne d'une telle capacité, employée à mettre en place une petite économie de la survie tout en se saisissant des interstices de la ville. Par de subtils jeux d'ajustement de la visibilité, ces commerçants ambulants cherchent à se défaire de l'ordre urbain et policier pour conduire leur petit négoce. En harmonie avec les rythmes de la ville et à l'affût des produits susceptibles de rencontrer immédiatement une demande, les vendeurs ambulants déploient des tactiques pour se rendre visibles ou se dissimuler aux regards de la police. Au final, « les logiques commerciales ambulantes des Syriens offrent un éclairage sur ce que migrants et réfugiés font à la ville : le dépassement de frontières matérielles et mentales établies, la création de centralités marchandes, la fabrique de formes de solidarité et, par conséquent, de nouvelles urbanités »[2].

1. Cf. *infra*, « Beyrouth, au carrefour d'une nouvelle culture syrienne », p. 61-72.
2. Cf. *infra*, « Beyrouth, ville-carrefour, ville itinérante », p. 73-91.

Dans d'autres contextes, la confusion entre le statut de travailleur disqualifié, qui était la norme avant la guerre, et celui de réfugié influence très fortement les conditions d'installation et le quotidien des Syriens. Dans une petite ville libanaise de la montagne, les Syriens sont perçus « comme un groupe à l'égard duquel il est nécessaire de rester méfiant et dont les modalités d'installation ne doivent pas différer de celles qui prévalaient au temps de la circulation des travailleurs saisonniers ». Ils font ainsi l'objet d'une certaine relégation socio-spatiale – qu'ils parviennent à compenser partiellement grâce à leur expérience de migrations antérieures et à leurs réseaux – qui contraste avec l'accueil fait dans cette même ville aux Irakiens. Ces derniers y bénéficiant pour leur part de l'aide « de la communauté chrétienne nationale et locale ainsi que des acteurs socio-économiques locaux »[1].

Cette organisation du marché du travail libanais est toujours d'actualité, avec désormais une main-d'œuvre sédentarisée, numériquement plus conséquente et comprenant une part importante de femmes et d'enfants. L'imposition de la *kafala* aux ressortissants syriens en 2015 a eu pour conséquence une plus grande précarité statutaire des déplacés qui, nombreux, se font également concurrence dans les secteurs les moins qualifiés d'une économie en crise. Précarité sociale et précarité statutaire ont conduit à accroître l'immobilisation de Syriens dans l'espace libanais, à inciter certains d'entre eux à rentrer en Syrie et à amplifier les passages illégaux entre les deux pays[2].

1. Cf. *infra*, « L'exil, l'attente et la ville. L'expérience contrastée des Syriens et des Irakiens à Zgharta », p. 93-106.

2. Ainsi Khaled, le jeune Syrien originaire de Manbij, confiné dans la zone informelle de Sabra du fait de l'absence de papiers de résidence en règle, a fini par rentrer en Syrie, après avoir cherché en vain un *kafil* libanais pour l'employer légalement.

En définitive, pour ceux qui sont restés, parfois par choix délibéré, mais surtout pour les plus démunis, par manque de moyens, un nouveau déplacement, principalement vers l'Europe, apparaît comme une option désormais bien moins ouverte qu'en 2013 ou 2014. Cependant, il demeure dans l'éventail limité des choix comme une solution toujours envisageable tout en apparaissant comme une menace. Dans les rapports de forces internationaux, cette mobilité potentielle peut même servir d'argument pour inciter les bailleurs de fonds à accroitre leur soutien. « Nous pourrions laisser les réfugiés partir vers l'Europe », menaçait ainsi le chef du gouvernement libanais, Saad Hariri, lors de la conférence internationale sur la Syrie à Bruxelles, en avril 2017, pour convaincre les Européens de la nécessité de soutenir davantage le Liban s'ils veulent éviter de devoir faire face à une « crise migratoire » à leurs portes.

Les trajectoires de l'aide. L'accès des réfugiés syriens aux institutions d'assistance au Liban

Si le phénomène migratoire est identifié en Europe comme une « crise des réfugiés », sa nature et ses proportions en font, au Liban, une crise nationale, en référence au Plan de réponse à la crise au Liban (LCRP), mis en œuvre depuis 2015 pour faire face à l'afflux de plusieurs dizaines de milliers de Syriens fuyant leur pays en guerre. Selon les rapports de ce dispositif d'aide mis en place par le ministère libanais des Affaires sociales et le Haut Commissariat des Nations unies pour les réfugiés, « la crise des réfugiés syriens au Liban est avant tout une crise urbaine », en raison de la pression exercée sur les services publics déjà fragiles, et de l'effort que cela fait peser sur les communautés hôtes vulnérabilisées. Contrairement à la Turquie et la Jordanie, l'État libanais a, en effet, refusé que soient installés des camps officiels sur son territoire, par peur d'entériner une installation permanente, à l'instar de ce qui s'est produit avec les réfugiés palestiniens dans les années 1950. Les réfugiés s'installent donc partout où ils le peuvent et avec les moyens du bord. À Beyrouth, beaucoup ont trouvé refuge dans les quartiers informels de migration de la banlieue sud, là où les loyers sont moins chers et où vivent déjà des réfugiés palestiniens et des migrants originaires du Soudan, d'Érythrée, d'Éthiopie, des Philippines ou du Bangladesh. Dans ces marges urbaines, la redistribution de l'aide internationale comme nouvelle ligne de partage entre les populations récipiendaires invite à interroger à nouveaux frais le sens et la mission des institutions sociales publiques, au regard de l'expérience sociale de ces nouveaux ayants droits que sont les réfugiés syriens.

Avec 1,13 milliard de dollars d'aide internationale perçus en 2016 dans le cadre du LCRP, et plus d'un habitant sur quatre réfugié, le Liban est le pays le plus aidé au monde par habitant[1]. À la fois ressort d'une politique publique d'urgence et expérience sociale des économies de la « débrouille »[2], l'aide internationale constitue un élément central autour duquel s'articulent les trajectoires migratoires et les formules d'accueil des réfugiés, et se réinventent les termes de la solidarité envers les plus démunis. À travers elle se dessine une double trajectoire : celle des institutions d'aide d'une part, et celle des réfugiés d'autre part, comme phase préalable à leur remise en route vers l'Europe, ou à leur insertion dans le tissu urbain beyrouthin.

Pour appréhender ces temporalités dans lesquelles s'agencent les parcours migratoires, nous suivrons Oum Abdu, Syrienne réfugiée à Chatila, dans ses trajectoires quotidiennes rythmées par les diktats des attributions de l'aide et ses stratégies de contournement. La circulation au sein des institutions d'aide constitue, de la sorte, une expérience sociale particulière de l'espace urbain beyrouthin et des multiples frontières qui le traversent, en miroir desquelles cette circulation s'inscrit : qu'il s'agisse des frontières communautaires entre réfugiés syriens, palestiniens et récipiendaires libanais, et de leur prise en charge, ou des inégalités face au droit à la ville, partagée entre zone du formel et de l'informel. Des sous-catégories forgées par les critères d'accès à l'aide entre populations bénéficiaires aux modes de différenciation sociale qu'elles produisent entre

1. Chiffres de l'ambassade de France au Liban, d'après les estimations des autorités libanaises selon lesquelles le Liban compte 1,5 million de réfugiés syriens sur une population de 4,5 millions d'habitants.

2. Michel de Certeau, *L'invention du quotidien*, tome I, *Arts de faire*, Paris, Gallimard, 1990.

réfugiés et communautés hôtes démunies, les institutions d'aide jalonnent et orientent les parcours migratoires, entre insertion dans la ville et mobilité au-delà : d'institutionnelle et sociale, la frontière se vit alors à travers les possibilités de parcours et les fenêtres d'opportunités qu'offre individuellement la fréquentation des circuits de l'aide, soit comme tremplin pour le voyage en Europe, soit comme levier pour des activités semi-professionnelles.

Arriver : de la détermination de statut à l'UNHCR

Arriver au Liban, c'est arriver dans un système socio-politique caractérisé par le multi-confessionnalisme et les migrations internationales. Si la variable confessionnelle et communautaire reste un critère central d'identification dans la production des catégories d'appartenance pour les dix-huit communautés nationales[1], les étrangers relèvent, eux, d'autres catégories statutaires plus ou moins fixées, parmi lesquelles les réfugiés, qui réfèrent, dans le droit libanais, exclusivement aux Palestiniens[2].

L'ensemble des réfugiés enregistrés auprès de l'UNHCR représente près d'un habitant sur quatre, faisant du Liban le pays accueillant la plus importante proportion de réfugiés par habitant au monde, issue de la présence combinée de plusieurs communautés réfugiées : des Palestiniens réfugiés depuis l'exode de 1948, des Irakiens fuyant Daesh à partir de 2013 et, depuis 2011, des Syriens – arabes et kurdes – et Palestiniens fuyant la guerre en Syrie[3]. Pourtant, le Liban n'a pas ratifié la

1. Voir Élisabeth Picard, « Les habits neufs du communautarisme libanais », *Cultures & Conflits*, n° 15-16, automne-hiver 1994, p. 49-70 (consultable sur huit.re/oAzjxbS5).

2. Olivier Clochard et Mohamed Kamel Doraï, « Aux frontières de l'asile. Les réfugiés non palestiniens au Liban », *A contrario*, vol. 3, n° 2, 2005, p. 45-65.

3. « Le Liban accueille plus d'un million de réfugiés syriens enregistrés [1,5 million

Convention de Genève de 1951 sur les réfugiés et refuse d'être reconnu comme pays d'asile, en vertu du Mémorandum of Understanding signé avec l'UNHCR en 2003. En conséquence, le statut de réfugié n'y fait l'objet d'aucune reconnaissance légale : les autorités libanaises ne parlent donc pas de « réfugiés » mais de « déplacés » (*nazihin*) pour les Syriens. La compétence du gouvernement libanais en la matière se limite à la délivrance de permis de circulation temporaire, alors que l'UNHCR est seul responsable du traitement des demandes d'asile des réfugiés et de leur réinstallation dans un pays tiers[1]. L'attribution du statut de réfugié repose donc exclusivement sur le pouvoir discrétionnaire de l'UNHCR ou de l'Office de secours et de travaux des Nations unies pour les réfugiés de Palestine dans le Proche-Orient (Unrwa), respectivement en charge d'instruire les demandes de reconnaissance du statut de réfugié pour les Syriens et les Palestiniens.

Malgré l'entretien (récit autobiographique) du candidat-réfugié qui signe l'entrée dans les rouages de la bureaucratie humanitaire, la reconnaissance du statut de réfugié pour les Syriens est chose facile. Selon Johanna, une employée du service Détermination de statut au HCR à Beyrouth, « la majorité des cas [instruits au service Détermination de statut] concerne en fait des Soudanais et des Érythréens [...] ; les Syriens passent directement par le service Réinstallation dans un pays tiers qui s'occupe, en même temps, de la détermination du statut de

selon les autorités libanaises, 1,04 million selon l'UNHCR], 30 675 réfugiés palestiniens en provenance de Syrie, 6 000 réfugiés irakiens et près de 280 000 réfugiés palestiniens », à quoi il faut ajouter un petit nombre de réfugiés soudanais. Rapport de l'Echo (Office d'aide humanitaire de la Commission européenne), mars 2017.

1. À partir de l'instauration de visas pour les Syriens entrant au Liban en 2015, et de l'arrêt officiel des enregistrements comme réfugiés, les Syriens se voient donc obligés de déposer une demande de visa sous la tutelle soit d'un membre de leur famille de nationalité libanaise, soit de leur employeur, soit du HCR.

réfugié. [...] Les autres migrants y voient un traitement de faveur, d'autant que les Syriens, pour leurs démarches, passent par une file d'attente à part »[1].

Ainsi, la première frontière à franchir dans ce parcours d'exil apparaît-elle au moment de l'attribution du statut de réfugié ; entre les Syriens et les autres migrants d'une part, et entre les Syriens et les Palestiniens de Syrie d'autre part. Si, dans le premier cas, la procédure administrative propre aux réfugiés syriens contribue à en faire une sous-catégorie à part des autres migrants, dans le second, c'est l'appartenance comme Syrien ou Palestinien qui détermine le circuit de l'aide à suivre, et les droits y afférents, entre l'UNHCR et l'Unrwa.

S'orienter au sein de l'offre associative : du dispositif onusien aux ONG de quartier

Une fois le certificat de réfugié obtenu, l'enjeu est de faire valoir son droit d'accès aux aides. Aussi, quand Oum Abdu, son mari et ses quatre enfants arrivent à Beyrouth à l'été 2012, il est urgent de régulariser leur situation auprès de l'UNHCR et de la Sûreté générale par l'obtention d'un permis de séjour renouvelable tous les six mois. C'est le début de leur parcours au sein de la bureaucratie humanitaire de l'UNHCR, dite *al-Umam* (les nations), diminutif de l'ONU. L'attribution du statut de réfugié de l'UNHCR ouvre alors droit à un certain nombre d'aides comme l'octroi d'une carte de crédit rechargée de 27 dollars par mois par le Programme alimentaire mondial (PAM), d'une aide au paiement du loyer et à l'aménagement du logement (environ 200 dollars) allouée par la fondation Makhzoumi ou par Caritas, partenaires exécutifs de l'UNHCR à Beyrouth ; et de la consultation médicale gratuite dans les centres de développement social du ministère libanais des

1. Entretien réalisé à Beyrouth, février 2017.

Affaires sociales[1]. Ces aides qui associent directement les services publics libanais aux acteurs humanitaires[2] représentent le versant officiel du circuit de l'aide internationale à Beyrouth, formalisé dans le cadre du Plan de réponse à la crise au Liban.

Ce plan de soutien de la communauté internationale à l'effort d'accueil des réfugiés syriens au Liban associe le gouvernement libanais (à travers les ministères de la Santé, de l'Éducation et des Affaires sociales) et les agences onusiennes – PAM, UNHCR, Fonds des Nations unies pour l'enfance (UNICEF) et Programme des Nations unies pour le développement (PNUD) – en plus des ONG locales. Il s'inscrit dans le Plan régional pour les réfugiés et la résilience (3RP) qui englobe le Liban, la Turquie, la Jordanie, l'Égypte et l'Irak. Il rassemble 104 partenaires nationaux et internationaux et vise 2,8 millions de personnes vulnérables vivant au Liban.

Lancé en décembre 2015 jusqu'en 2016 pour un coût de 2,1 milliards de dollars, ce plan de coordination entre le Liban et la communauté internationale humanitaire a été reconduit pour trois ans au début de l'année 2017. En plus de l'aide humanitaire d'urgence et de protection aux réfugiés syriens, il prévoit une aide élargie aux communautés d'accueil libanaises, dont il vise à renforcer les services de base ainsi que les investissements dans l'infrastructure, l'économie et les institutions publiques. Son application au Liban a entraîné une réorganisation du tissu associatif local du fait des nouveaux

1. Notons que l'attribution de ces aides et les montants qui sont alloués sont évolutifs selon la situation et les nouvelles mesures des politiques de l'aide. À partir de 2015 déjà, avec l'arrêt des enregistrements de réfugiés auprès du gouvernement libanais et le recul des fonds des donateurs internationaux, ces aides ont enregistré un net recul.

2. Marwa Boustani, Estella Carpi, Hayat Gebara et Yara Mourad (dir.), *Responding to the Syrian Refugee Crisis in Lebanon. Collaboration Between Aid Agencies and Local Governance Structures*, Beyrouth, Working Paper-International Institute for Environment and Development, 2016.

partenariats noués entre les ministères impliqués, les agences onusiennes, les partenaires exécutifs (Makhzoumi et Caritas) et le reste des partenaires opérationnels parmi les ONG locales.

Pour les réfugiés primo-arrivants, cet emboîtement des rapports hiérarchiques entre organisations relève d'un véritable dédale, comme le souligne la fille aînée d'Oum Abdu, qui le compare à « une toile d'araignée où chaque organisation mène à une autre. Pour faire une demande, tu dois remplir tous les critères, attendre des mois et souvent ne pas voir venir l'aide promise. [...] Par rapport aux petites associations [islamiques de quartier], il y a trop de critères. Là-bas, on ne cherche pas à savoir si tu es Libanais, Palestinien ou Syrien, on te donne pour Dieu. Par contre ils donnent à ceux qu'ils connaissent. Tu dois assister régulièrement aux activités »[1]. Oum Abdu renchérit avec humour : « J'ai mon emploi du temps pour la semaine : chaque jour je cours dans une ou deux associations ou j'envoie

Oum Abdu allant s'inscrire auprès d'une association de quartier aux abords de Chatila, juin 2017

1. Entretien avec Afaf, fille aînée d'Oum Abdu, 24 février 2017.

mon fils. Depuis, tout le monde me connaît ici, et moi ça me fait sortir du camp au moins » !

L'exemple d'Oum Abdu est loin d'être un cas isolé et dit la préférence de nombre de réfugiés pour le circuit plus informel des associations caritatives de proximité (communautaires ou confessionnelles), par contraste avec la lourdeur de la bureaucratie humanitaire du dispositif onusien et son aspect désincarné. Oum Abdu, qui aime se référer aux ONG par le nom de leur responsable, déplore que le contact avec les aidants y soit indirect et impersonnel, puisqu'il se réalise, dans la majorité des cas, de part et d'autre du guichet du bureau de l'UNHCR ou par des prises de rendez-vous téléphoniques et l'envoi de sms pour ses convocations aux distributions mensuelles des aides du LCRP. Sa fréquentation des guichets du HCR ou de son partenaire exécutif Makhzoumi est ainsi limitée à des tentatives ponctuelles de recours pour l'obtention d'une aide non perçue, ce qui tranche avec son assiduité aux ateliers hebdomadaires des ONG de quartier dont elle a fait son espace de socialisation. Cette socialisation au sein de l'espace associatif local lui a ainsi permis de s'insérer dans les réseaux relationnels locaux par lesquels transitent les informations et les canaux de solidarité.

Se rencontrer : ONG, sous-catégories et liens d'appartenance

Si l'offre associative dispensée par le dispositif onusien du LCRP et ses partenaires est relativement balisée par les brochures, les réunions informatives, les affiches et les logos, l'information sur la vie au Liban pour un Syrien et les possibilités d'aide transite d'abord par les canaux semi-privés des groupes Facebook[1] ou

1. Le plus connu est le groupe Facebook Ana suryi fi lubnan (Je suis syrien au Liban) qui comptabilise 89 630 membres.

Whatsapp. Au-delà de l'information qui y est échangée, ces groupes constituent de véritables plateformes de transmission d'un savoir pratique sur le « bon » profil attendu des réfugiés et les écueils à éviter dans les démarches à effectuer. Oum Abdu a ainsi constitué son propre groupe Whatsapp incluant ses deux filles mariées, sa belle-fille et six autres voisines de son ancien immeuble à Chatila, dont des Palestiniennes de Syrie et du Liban. Quand il a fallu rechercher un frigo d'occasion, c'est par ce groupe qu'Oum Abdu est passée ainsi que par ceux déjà créés par les ONG où sont relayées les informations sur leurs activités auprès des membres.

L'adhésion à ces groupes permet d'obtenir les informations sur les distributions de l'aide qui se font généralement à guichet fermé, soit dans les locaux des ONG, soit dans des quartiers excentrés, mais elle ne dispense nullement de la fréquentation physique des associations. C'est d'ailleurs dans les centres locaux de ces ONG que s'effectuent au préalable les rencontres, et le chemin pour s'y rendre (souvent à pied) constitue le moment privilégié pour élargir les liens du voisinage. En faisant jouer les liens matrimoniaux de ses filles avec des Palestiniens du Liban, Oum Abdu est ainsi parvenue à tisser un vaste réseau de relations parmi les Syriens et Palestiniens de Chatila et à intégrer certaines activités d'ONG réservées aux Palestiniens sous mandat de l'Unrwa, en plus de celles qu'elle fréquente déjà en tant que Syrienne rattachée au circuit UNHCR. Comme pour Oum Abdu, la socialisation au sein des ONG de quartier produit de nouveaux liens d'adhésion permettant de dépasser les catégories d'appartenance communautaire qui segmentent les circuits de l'aide, du fait de la différence de mandat pour les Palestiniens (de Syrie et du Liban) dépendants de l'Unrwa et les Syriens affiliés au HCR.

Mais si Oum Abdu parvient aisément à circuler entre les filières syriennes et palestiniennes de l'aide, c'est aussi du fait de la structuration du champ associatif local qui, en raison des financements perçus par l'UNHCR et l'UNICEF, a vu s'ouvrir des programmes « mixtes » associant les communautés réfugiées aux communautés hôtes, conformément à l'esprit d'inclusion du LCRP. Tel est le cas des centres sociaux de développement du ministère libanais des Affaires sociales, l'ouverture d'un programme d'aide d'urgence aux familles syriennes réfugiées en grande précarité ayant permis dans le même temps d'inaugurer un programme d'aide sociale, *Halla*, pour les familles pauvres libanaises, en soutien aux communautés hôtes[1]. L'exemple du centre social de Borj Barajneh est emblématique de la manière dont l'implication de certaines institutions d'aide dans l'accueil et l'assistance aux réfugiés syriens a permis de reconfigurer la mission des institutions sociales publiques et, parfois, de les redynamiser.

Dans ce quartier où cohabitent Libanais et populations migrantes, ce centre, à l'origine réservé aux Libanais mais peu fréquenté, a vu ses effectifs augmenter avec la participation croissante de jeunes Syriens réfugiés aux activités socio-éducatives, contribuant à revitaliser cette institution. Comme le dit Fatmeh, travailleuse sociale, « dans les alentours, il n'y a pas un jour où l'on sort sans être reconnues ou saluées dans la rue… on va dans la bonne direction maintenant ». C'est aussi l'objectif que poursuit la directrice du centre social, lors de la présentation d'un programme inédit de volontariat pour les jeunes filles syriennes : « On va se faire connaitre dans le Borj. Ca va être une grande et belle équipe habillée de T-shirt à l'effigie du centre […]. Vous allez être notre lien avec la société

1. Le premier est financé par l'UNHCR, le second par la Banque mondiale.

au dehors [du centre] en nous faisant remonter les problèmes dans vos quartiers »[1].

Le volontariat des jeunes Syriens réfugiés à destination de la population de leur quartier est ainsi conçu pour développer l'engagement citoyen des jeunes dans la localité et redorer le blason de cette institution. La directrice le justifie par la cohésion sociale que doit permettre l'échange de services entre communautés syriennes et libanaises : en contrepartie de l'aide perçue et des activités du centre destinées à 90 % aux réfugiés syriens, il s'agit de faire participer les jeunes Syriens à la vie sociale et au développement local de leur quartier, via le nettoyage des rues ou les visites aux personnes âgées ou isolées. Cette dimension de la sociabilité intercommunautaire dans les institutions d'aide a cependant ses limites puisque nombre d'entre elles répartissent leurs activités dans des créneaux différents pour les Libanais et les Syriens, en fonction de la nature des fonds alloués par les bailleurs.

La segmentation la plus significative de l'aide est celle des circuits éducatifs et de la manière dont les enfants réfugiés y sont intégrés. Les écoles publiques libanaises ont ainsi ouvert une session exclusivement destinée aux enfants syriens l'après-midi, alors que celle du matin est réservée aux élèves libanais[2]. Les élèves palestiniens-syriens se trouvent, quant à eux, mélangés avec les élèves palestiniens-libanais au sein des écoles de l'Unrwa, ce qui contribue à dessiner les lignes d'une

1. Réunion au centre social de développement de Borj Brajneh pour l'instauration d'un programme de volontariat pour jeunes filles syriennes, 7 juin 2017.

2. Cette décision de scolariser les enfants syriens dans la seconde session de l'après-midi fait suite à une circulaire de janvier 2014 qui stipule que le nombre d'étudiants syriens scolarisés dans la session du matin ne peut être supérieur à celui des étudiants libanais. Afin de ménager les communautés hôtes, priorité a donc été donnée dans les inscriptions aux élèves nationaux et aux enfants dont les parents sont munis d'un titre de séjour libanais, et pouvant attester d'une présence depuis trois ans.

communauté d'appartenance partagée entre Palestiniens de Syrie et du Liban. Cette segmentation des circuits de l'aide joue, du reste, un rôle non négligeable dans la concurrence pour l'accès à l'aide qui peut prendre les traits d'une rivalité intercommunautaire. Mais c'est compter sans les liens de solidarités fonctionnelles qui se créent entre réfugiés et « communautés hôtes », dans ces quartiers de la banlieue sud de Beyrouth, où ceux qui accueillent les réfugiés syriens sont soit d'autres réfugiés (palestiniens du Liban), soit des communautés marginalisées.

Prendre place ou repartir : l'engagement associatif bénévole et le voyage comme trajectoires d'opportunité

Si le système de l'aide internationale façonne les parcours migratoires dans l'exil libanais en en fixant les cadres et les limites, il peut parfois s'offrir comme un espace d'opportunité à travers deux trajectoires : celle de l'engagement associatif bénévole et celle du voyage. Dans le premier cas, le passage du statut de réfugié aidé à celui de réfugié-aidant s'accompagne d'une revalorisation sociale et, partant, d'un nouvel effet de frontière dans l'horizontalité des logiques de différenciation sociale entre populations récipiendaires. Cette pratique tend à être systématisée depuis que l'UNHCR y a consacré un programme, en 2014, dans le cadre de recrutement de *volunteers outreach* pour assurer la liaison du siège avec le terrain et l'étude statistique des groupements de réfugiés. À tel point que, pour Husseyn, volontaire au HCR, « tout le monde désormais cherche à être volontaire parmi les réfugiés syriens ».

C'est que, malgré leurs limites, ces missions comportent bien quelques avantages : la conversion d'une aide alimentaire et/ou pécuniaire, parfois aléatoire, en compensation financière de 200 dollars par mois, et la possibilité de participer à des formations payées par l'organisation et de se faire un réseau sur le marché du travail de l'aide internationale. Les profils de ces volontaires peuvent être variés mais il s'agit souvent d'anciens étudiants, enseignants ou travailleurs sociaux, comme Sherine, assistante maternelle en Syrie et volontaire au sein de l'ONG de quartier de Hey Gharbe où elle conduit les entretiens des réfugiés syriens demandeurs d'aide avec l'assistante sociale.

Levier d'insertion, le bénévolat n'en reste pas moins une étape dans le parcours migratoire, à l'exemple de Sherine, qui en a fait son gagne-pain en attendant de pouvoir rejoindre son mari en Allemagne avec ses trois enfants. À l'inverse, l'engagement bénévole, qui se double souvent d'un engagement militant du côté des étudiants syriens, peut conduire à suspendre le parcours migratoire quand il débouche sur une promotion professionnelle, notamment par l'emploi dans une ONG[1]. Ahmed et Husseyn en sont un exemple, qui, forts de leur expérience précédente comme volontaire, ont chacun obtenu le poste de responsable des programmes dans une ONG et ne songent plus à voyager que dans le cadre de leurs activités professionnelles d'*advocacy* à l'étranger.

Tous les réfugiés ne sont pas égaux face aux possibilités de voyage ; si les Syriens peuvent se voir proposer une réinstallation en Europe par l'UNHCR, tel n'est pas le cas des réfugiés palestiniens, contraints dans leurs déplacements. Lors des conversations d'Oum Abdu avec ses voisines sur leurs entretiens à l'UNHCR pour la réinstallation et sur les meilleures destinations où migrer, la question du voyage

1. Bien qu'illégal du point de vue des clauses de l'UNHCR et de la Sûreté générale libanaise, le travail des réfugiés est chose répandue dans les secteurs du commerce informel et de la construction. Quant aux ONG fondées par des Syriens ou employant des Syriens, elles utilisent le nom d'une ONG libanaise comme couverture pour percevoir leurs fonds et rémunérer leurs salariés syriens.

apparaît comme une ligne de fracture avec celles qui en sont exclues : les épouses de Palestiniens du Liban comme sa propre fille, Afaf. Parmi ces foyers étiquetés « palestiniens » par les politiques discrétionnaires de la bureaucratie humanitaire, certains prennent alors le risque d'atteindre clandestinement les portes de l'Europe par la mer, ultime moyen pour contourner la discrimination au voyage et obtenir l'asile puis le regroupement familial pour les membres restés au Liban.

En définitive, le voyage n'est jamais bien loin pour ceux qui restent comme pour ceux qui envisagent de partir. C'est d'abord une tentative, un choix, et parfois une menace, quand la rumeur ébruite un plan de rapatriement des réfugiés syriens dans des zones protégées en Syrie. Il n'est jamais loin, enfin, pour ceux qui en font un moyen de pression dans les négociations internationales pour l'accroissement du versement de l'aide au Liban, à l'image du chef du gouvernement. Brandissant la menace d'une crise migratoire aux portes de l'Europe, Saad Hariri laissait entendre aux bailleurs européens réunis à la conférence internationale sur la Syrie à Bruxelles (avril 2017) que le gouvernement pourrait « laisser les réfugiés partir vers l'Europe ». L'aide internationale versée au Liban dans le cadre du Plan de réponse à la crise devient alors un expédient des politiques migratoires européennes pour maintenir loin de leurs frontières les réfugiés syriens. Ville de destination ou ville de transit, Beyrouth, et à travers elle, le Liban, apparaît ainsi comme un élément incontournable du parcours migratoire, mais aussi de la construction internationale des politiques publiques face à ladite « crise des réfugiés ».

Le programme français de réinstallation au titre de l'admission humanitaire : une politique de solidarité vis-à-vis des pays tiers.

La réinstallation offre des perspectives de vie meilleure à des personnes en besoin de protection qui ont fui leur pays d'origine et qui ne peuvent rester dans le pays de premier accueil, notamment en raison de leur vulnérabilité. Un programme annuel de réinstallation est mis en place en 2008 par les autorités françaises, formalisé par un accord-cadre passé avec l'UNHCR. À ce titre, le HCR soumet à la France une centaine de dossiers par an (soit 150 personnes environ), toutes nationalités confondues.

En 2014, pour répondre à la crise syrienne, la France initie un programme d'accueil spécifique de 500 Syriens, parallèlement au programme permanent. Concluant, il est renouvelé l'année suivante, en 2015. Dans une démarche d'accueil et de solidarité vis-à-vis des pays tiers limitrophes de la Syrie (Jordanie, Liban et Turquie), la France poursuit son action et renforce ses efforts en s'engageant à accueillir, entre 2016 et 2018, environ 10 000 réfugiés syriens, présents au Liban, en Turquie et en Jordanie. La réinstallation au titre de l'admission humanitaire vise à sécuriser les voies d'accès et à garantir aux personnes en besoin de protection internationale les conditions d'accueil les plus adéquates. Cette démarche d'accueil s'inscrit dans le cadre d'engagements souscrits par l'Union européenne lors du Conseil européen du 22 juillet 2015 et de la déclaration UE-Turquie du 18 mars 2016. Elle s'inscrit, en outre, dans la réalisation des annonces faites par le président de la République François Hollande, en avril 2016, lors de sa visite au Liban.

Pour mener à bien ce dispositif d'accueil, le HCR identifie, dans les pays tiers, les personnes en besoin de protection internationale : celles en situation de particulière vulnérabilité sont priorisées. Si la démarche de réinstallation ne peut être initiée par le réfugié lui-même et que ce dernier n'a pas le choix du pays de réinstallation, le HCR s'assure, en amont, de l'aspiration des concernés à quitter le Liban. Des missions sont ensuite organisées, dans les pays de premier accueil, au cours desquelles les officiers de protection de l'Office français de protection des réfugiés et apatrides (Ofpra) reçoivent les intéressés en entretien. L'arrivée en France des personnes sélectionnées au terme de la mission est conditionnée par l'orientation directe vers un logement pérenne : tâche confiée à la Délégation interministérielle à l'hébergement et à l'accès au logement (Dihal). Une fois l'adresse identifiée, il leur est délivré un visa par les postes consulaires. Une séance d'orientation culturelle à visée informative sur l'arrivée et la vie en France est animée quelques jours avant le départ par l'Organisation internationale pour les migrations (OIM). L'OIM assure, en outre, le transport jusqu'en France. L'ensemble de ces étapes, de la mission à l'arrivée, est piloté par la direction de l'asile de la Direction générale des étrangers en France (DGEF), au ministère de l'Intérieur.

Dans les jours suivant leur arrivée, les Syriens réinstallés reçoivent la notification de décision de l'Ofpra et sont ainsi directement éligibles à la délivrance du titre de séjour. Afin d'appuyer au mieux les réinstallés dans leurs démarches à leur arrivée, onze opérateurs ont été retenus lors d'un appel à projet de la DGEF (2016). Chargés de l'accompagnement global sur une année, ces opérateurs sont garants de la qualité de l'accueil. Ce soutien doit permettre la meilleure insertion possible des réfugiés : ouverture rapide des droits sociaux, inscription scolaire, suivi sanitaire, accès à l'emploi et insertion professionnelle. Ils accompagnent aussi vers les dispositifs de droit commun existants, notamment en matière d'apprentissage linguistique.

Réfugiés de Syrie dans les camps de réfugiés palestiniens au Liban
Le cas de Chatila

Avec les contestations populaires en Syrie à partir de mars 2011 et le passage progressif à un conflit armé, des dizaines de milliers de Syriens et de Palestiniens de Syrie trouvent refuge dans les camps de réfugiés palestiniens au Liban. Ces camps ont été établis à partir de la fin des années 1940 pour abriter les Palestiniens exilés à la suite de la création de l'État d'Israël.

Le camp de Chatila, fondé en 1949 et situé dans la banlieue sud de Beyrouth, est particulièrement concerné par l'installation des réfugiés de Syrie. Dans ce chapitre, il s'agira de décrire le parcours des Syriens et Palestiniens de Syrie qui vivent actuellement dans le camp, puis de s'intéresser à la question de l'accueil des « nouveaux » réfugiés et de l'hospitalité des Palestiniens de Chatila, depuis 2011.

De la Syrie à Chatila : circulations d'hier et exil d'aujourd'hui

Les circulations entre le Liban et la Syrie se sont adaptées à la création de la frontière entre les deux entités suite au démantèlement de l'Empire ottoman, puis aux différents événements qui ont ponctué les relations chaotiques entre les deux pays. Autrement dit, elles ne sont pas nées avec les récents événements en Syrie. D'ailleurs, Libanais, Syriens et Palestiniens ont souvent des proches de part et d'autre de la frontière. Les mobilités passées étaient liées aux contextes politiques (des Syriens fuyant le pouvoir en place, des Libanais et des Palestiniens réfugiés en Syrie à certaines périodes du conflit libanais), aux échanges commerciaux, à la présence de l'armée syrienne au Liban de 1976 à 2005. Enfin, la mobilité économique de la Syrie vers le Liban est très importante. Elle a commencé dès les années 1950 et s'est particulièrement accrue dans les années 1990, pendant la période de reconstruction du pays qui venait tout juste de sortir de la guerre. Durant ces années, on compte près de 500 000 travailleurs syriens au Liban.

La mobilité des Syriens vers le Liban à partir de 2011 s'inscrit ainsi dans une longue histoire de circulations, de liens sociaux, familiaux et politiques entre les deux pays. La mobilité des réfugiés palestiniens (du Liban ou de Syrie) a cependant toujours été plus restreinte et limitée en raison des politiques des deux État envers les réfugiés. Néanmoins, pendant les années 1970, de nombreux Palestiniens de Syrie ont rejoint le Liban dans le cadre de leur engagement politique dans les rangs du mouvement national palestinien.

L'installation des Syriens et Palestiniens de Syrie dans le camp de Chatila s'inscrit dans cette histoire migratoire. La présence syrienne à Chatila et les quartiers alentours est donc particulièrement forte à partir des années 1990. Une des rues qui longe le camp, devenue une sorte de marché aux puces, a d'ailleurs été baptisée par les habitants de Chatila *souk al-Souriyyin* (le marché des Syriens) ou encore *souk al-Hamidiyye* (du nom du célèbre marché de Damas), en référence à la forte concentration de commerçants et de produits syriens. Cependant cette appellation revêt une connotation péjorative en lien avec les représentations qui réduisent les Syriens à des ouvriers pauvres et incultes – la plupart d'entre eux occupant des emplois subalternes dans le bâtiment notamment –, ou à des soldats et des agents des services de renseignements (*moukhabarat*).

Des exilés syriens sont arrivés à Chatila très vite après le début des manifestations de 2011 et la sanglante répression exercée par le régime. Ils sont en général originaires des régions soulevées, telles que Idlib ou Hama. Les Palestiniens, quant à eux, sont arrivés à la fin de l'année 2012, avec un pic en 2013 à la suite des bombardements et du siège par l'armée syrienne du camp de Yarmouk, situé à la périphérie de Damas.

L'installation à Chatila est souvent déterminée par l'existence d'un réseau familial ou social (la présence d'anciens voisins en Syrie) ou une expérience résidentielle passée dans le camp ou dans les quartiers mitoyens. Deux parcours témoignent de cette longue histoire de circulations entre les deux pays.

Originaire de la ville de Hama, Wafaa est aujourd'hui âgée d'une quarantaine d'années. Elle est venue s'installer à Chatila en 1992, suivie par d'autres membres de sa famille, après avoir épousé un Palestinien du Liban rencontré en Syrie. Ce dernier s'y était réfugié avec ses parents dans les années 1980, durant la période du conflit libanais (1975-1990).

Dans les années 2000, un des frères de Wafaa l'a rejointe au Liban pour travailler. De même, une de ses sœurs s'est aussi installée à Chatila avec son mari qui était à la recherche de meilleures perspectives de travail.

En juillet 2011, plusieurs autres membres de sa famille ont commencé à arriver chez elle : un frère qui a fui Hama avec sa femme et ses enfants après avoir été blessé lors d'une manifestation contre le régime, ses parents venus rendre visite à leurs enfants, puis, plus tard, sa sœur jumelle. Wafaa les accueille tous chez elle, dans un petit appartement de deux pièces où elle vit déjà avec son mari, ses 5 enfants et son frère. À cette période, les membres de la famille, surtout les sœurs et les parents, circulent encore entre le Liban et la Syrie, les risques de passer les barrages de Hama jusqu'à la frontière avec le Liban étant alors moins élevés pour les femmes et les personnes âgées. Mais la situation va progressivement changer. Le père désormais menacé d'arrestation aux barrages, la mère est contrainte de circuler seule. À l'époque, les frontières entre les deux pays sont encore ouvertes, mais avec le temps, le passage devient plus difficile et, en 2015, le Liban décide de fermer les postes-frontières avec la Syrie.

Le second parcours est celui d'une autre femme syrienne, originaire d'Idlib, arrivée à Chatila en 2012. Son mari vivait déjà au Liban depuis une dizaine d'années où il travaillait et partageait un appartement avec d'autres ouvriers syriens, dans un quartier proche du camp. Lorsque la situation s'est dégradée dans la ville d'Idlib, il a fait venir sa femme et ses enfants et loué un appartement dans le camp où les loyers sont souvent plus abordables que dans les autres quartiers beyrouthins.

L'accueil des réfugiés de Syrie à Chatila : entre solidarité et tensions

À Chatila, plusieurs formes de solidarité se mettent en place avec l'arrivée des réfugiés de Syrie. Il s'agit autant d'initiatives personnelles de la part des habitants que d'actions entreprises par le comité populaire de Chatila et les ONG palestiniennes du camp. Des collectes de vêtements et des dons de nourriture sont organisés. En outre, le comité du camp (instance palestinienne qui agit comme une autorité municipale) tente de trouver des logements pour les réfugiés de Syrie, à Chatila ou dans les quartiers alentours. Parallèlement, le comité veille tant bien que mal à ce que les propriétaires des appartements ne profitent pas de cette nouvelle demande pour augmenter abusivement le prix des loyers.

En plus de fournir des aides matérielles, les Palestiniens de Chatila sont également devenus une importante source d'informations pour les nouveaux réfugiés. Disposant d'une vaste et ancienne connaissance du fonctionnement des institutions libanaises et des organismes humanitaires, ils ont développé un « art de la débrouille » pour survivre à la constante marginalisation et précarisation à laquelle ils font face dans le pays. De sorte qu'ils sont d'un grand secours, plus particulièrement pour les Palestiniens de Syrie pris en charge, comme eux, par l'Unrwa. Les Palestiniens de Chatila partagent ainsi avec eux leur connaissance des institutions, y compris sur des points très prosaïques comme la façon de s'adresser aux employés de l'Unrwa pour faire valoir ses droits, à qui s'adresser, que croire et ne pas croire ; en bref, comment avoir accès à l'aide. Comme dans certaines régions de Turquie où ils trouvent aussi massivement refuge, les exilés syriens rencontrent donc à Chatila des conditions de vie et une structure communautaire susceptibles de faciliter le séjour dans le pays.

Parcours et vie quotidienne de familles syriennes à Gaziantep

Depuis le début du conflit en Syrie, en 2011, 3 millions de Syriens ont trouvé refuge en Turquie (selon l'UNHCR), notamment dans les villes de la région frontalière. Parmi celles-ci, Gaziantep, ville de 2 millions d'habitants, a accueilli environ 320 000 réfugiés provenant principalement du nord de la Syrie (Alep, Idlib, Deir ez-Zor, Raqqa) ainsi que de la capitale, Damas. Devenue le siège de la Coalition nationale des forces de l'opposition syrienne, la ville a connu l'éclosion d'une panoplie d'organisations sociales et humanitaires (internationales, turques et syriennes), et constitue ainsi un lieu central dans le processus de recomposition des Syriens en exil.

Au-delà de sa centralité dans la vie politique et l'assistance humanitaire, Gaziantep est surtout devenue le lieu de vie de milliers de familles syriennes, issues principalement des classes moyennes et populaires. Brisées et dispersées par des années de guerre, celles-ci s'efforcent de réorganiser leur vie dans un contexte d'incertitude accrue. La politique d'accueil turque se fonde jusqu'à présent sur des mesures d'urgence mais ne propose aucune vision à long terme de la présence syrienne. À cela s'ajoute le climat de tension politique qui règne dans le pays depuis la tentative échouée de coup d'État de juillet 2016. Les Syriens font désormais l'objet de restrictions quant à l'attribution des permis de séjour et à la possibilité de voyager entre les villes turques. Des arrestations arbitraires ainsi que la fermeture de plusieurs organisations humanitaires syriennes ont été constatées.

Dans ce contexte précaire et contraint, les familles syriennes tentent de se recomposer et de développer des formes d'ancrage familial et social. Dans ce nouveau cadre de vie et face à l'effondrement des repères spatio-temporels autour desquels se structurait auparavant leur vie sociale, ces familles subissent de profonds bouleversements.

Départ, dispersion, retrouvailles

La guerre en Syrie a gravement déstructuré le tissu social syrien et, par conséquent, affecté le tissu familial. Les ruptures engendrées par des positionnements divergents vis-à-vis du conflit, le décès d'un ou plusieurs membres d'une même famille ou leur dispersion entre deux voire trois ou quatre pays différents constituent autant de facteurs de déstructuration des familles syriennes, qui ont engendré une redéfinition de la manière d'être ensemble et de faire famille.

Dans la ville de Gaziantep, des cellules familiales éclatées se recomposent selon des dynamiques inédites. La famille syro-palestinienne Ghaza est issue du camp de Yarmouk, au sud de Damas. En 2012, cette cellule familiale comprenait les parents, leurs deux fils dont un, marié, habite aux Émirats arabes unis

(EAU) avec une partie de la famille élargie, et leurs trois filles encore célibataires. En 2017, la famille Ghaza est désormais dispersée entre quatre pays : la Turquie, les EAU, Oman et la Suède. Chacun a suivi une trajectoire différente et seule une partie de la famille est parvenue à se réunir temporairement aux EAU, puis en Turquie.

Les premiers à quitter Yarmouk face à la montée des violences, en décembre 2012, sont les parents, accompagnés de leur fille cadette Maya, alors âgée de 15 ans, dans le but de rejoindre leur fils Omar aux Émirats. Les deux autres sœurs, Shereen et Safa, s'installent d'abord au Caire pendant un an, avant de gagner elles aussi les EAU, en 2013. Le deuxième frère, Mohammad, âgé de 37 ans, le seul membre de la famille à ne pas avoir obtenu de visa pour les EAU, a quant à lui trouvé un emploi à Oman, mais nourrit l'espoir de rejoindre le reste de la famille.

Alors que le conflit perdure en Syrie, le père de la famille Ghaza décède en exil. La sœur aînée, Shereen, se marie et part avec son conjoint en Suède. La cadette, Maya, après avoir obtenu son baccalauréat, est dans l'impossibilité de poursuivre ses études aux Émirats à cause du montant trop élevé des frais d'inscriptions à l'université. Sa sœur Safa, âgée de 33 ans, prend alors l'initiative de partir en Turquie, en 2015, à la recherche d'un emploi qui lui permette de payer les études de Shereen dans l'une des universités privées syriennes qui viennent d'ouvrir leurs portes en Turquie. Accueillie à Gaziantep par une amie syrienne, Safa qui, avant de quitter la Syrie, travaillait comme psychologue pour les Nations unies, obtient un poste dans une organisation humanitaire allemande. Elle loue alors un appartement dans le quartier résidentiel de Galeştepe, au centre de Gaziantep, où elle accueille sa mère et sa sœur.

Des femmes en exil

Cette partie de la famille Ghaza installée à Gaziantep est composée exclusivement de femmes. Celles-ci gèrent donc seules leur quotidien dans ce nouvel environnement. Alors que Safa subvient aux besoins familiaux et épaule sa sœur dans ses études, la mère s'occupe des tâches ménagères. Si ces femmes rencontrent des difficultés causées par leur ignorance de la langue turque, et bien qu'elles aient été confrontées à des épisodes de racisme, leur adaptation à la vie en Turquie se passe relativement bien. Le climat et le mode de vie y sont proches de ceux de la Syrie contrairement aux EAU. Par ailleurs, la présence d'un nombre important de Syriens à Gaziantep a créé un environnement familier qui a permis à ces femmes de nouer de nouveaux liens amicaux.

Instaurant de fait une distance avec les pressions sociétales et la famille élargie, l'exil peut représenter une source d'émancipation. Ces femmes ont une vie sociale active, pratiquent le sport, sortent entre amis. Spécialement Safa qui, en raison de son métier dans le domaine humanitaire, voyage souvent seule et s'est ouverte à un monde de relations. Cependant, cette émancipation n'est pas synonyme de véritable accomplissement personnel. Âgée de 35 ans, Safa manifeste l'envie de fonder un foyer, désir qu'elle a longtemps dû mettre de côté afin de s'occuper de sa famille. En outre, sa réussite professionnelle et son insertion sociale semblent avoir engendré un décalage entre sa vie quotidienne et les attentes maritales conformes aux valeurs traditionnelles de sa famille.

L'émancipation contrainte vécue par Safa est le lot de nombreuses femmes syriennes, notamment de celles que la guerre a rendues veuves et qui assument désormais l'ensemble des responsabilités familiales. Après l'assassinat de son mari en 2015, Ansaf quitte la maison familiale et le quartier de Jaramane à Damas, avec ses trois enfants. Après un bref passage par le Liban, cette famille syrienne rejoint de manière illégale Gaziantep, où elle est d'abord hébergée par une organisation humanitaire. Après trois mois, Ansaf trouve un studio à louer dans le quartier de Binevler, au sud-ouest de la ville, au sein d'un bâtiment de quatre étages habité exclusivement par des Syriens. La simplicité de l'ameublement dénote le caractère temporaire du logement et la situation précaire dans laquelle se trouve cette famille.

Vie quotidienne et incertitude

Âgée de 45 ans, Ansaf exerçait la profession de psychologue avant de quitter la Syrie. En Turquie, elle travaille de manière intermittente pour des organisations humanitaires, sans toutefois parvenir à trouver un emploi stable. Comme les cours de soutien psychologique dispensés dans un centre de loisir pour jeunes filles ne sont pas suffisants pour subvenir aux besoins familiaux, elle est obligée de solliciter l'aide d'amis résidant à l'étranger.

La situation de ses enfants contribue à plonger la famille dans la précarité. Son fils cadet Ahmad, âgé de 8 ans, a dû intégrer une école turque suite à la décision gouvernementale de fermer l'école temporaire syrienne qu'il fréquentait. Ne maîtrisant pas la langue turque, Ahmad s'acclimate difficilement et s'absente souvent de l'école. Sa sœur Lina, âgée de 17 ans, réussit quant à elle son baccalauréat mais ne sait pas si elle pourra poursuivre ses études, car les frais d'inscription dans les universités privées syriennes sont trop élevés et le nombre de places réservées aux Syriens dans les établissements turcs limité. Le fils aîné, Sadek, âgé de 18 ans, a abandonné ses études pour travailler dans des usines à la périphérie de Gaziantep. Il semble être le plus affecté par le décès du père, entretient un rapport conflictuel avec les membres de sa famille et manifeste la frustration de ne pas réussir à prendre en charge les besoins familiaux. C'est dans ce contexte de précarité socio-économique qu'Ansaf décide de présenter une demande de visa pour la France. Depuis, elle reste dans l'attente d'une réponse sans savoir où elle devra réorganiser sa vie.

Solidarité et entraide

Seule avec ses enfants et éloignée de tout réseau familial, Ansaf subsiste en Turquie essentiellement grâce à des réseaux locaux de solidarité qui se sont structurés autour de l'activisme politique ainsi que des appartenances locales dans la Syrie d'avant-guerre. Très active dans la contestation anti-régime en Syrie, Ansaf poursuit ses engagements à Gaziantep en participant aux rassemblements, aux récoltes d'aides et aux débats politiques. Cela lui permet d'intégrer de nouveaux réseaux qui l'aident à décrocher des petits emplois et à gérer les vicissitudes quotidiennes de l'exil. Par ailleurs, toujours en raison de son activisme politique, la maison d'Ansaf est devenue un véritable carrefour d'amis et de visiteurs qui s'y rencontrent, y partagent leur vécu et débattent de leurs visions du futur.

En outre, au sein du bâtiment où elle s'est installée avec sa famille, Ansaf a noué des liens de solidarité avec ses nouveaux voisins. Elle partage des repas avec eux, garde de temps en temps les enfants de sa voisine, veuve elle aussi, dont elle paye la moitié de la facture d'électricité en échange de l'utilisation de son lave-linge. Ces formes d'entraide au quotidien atténuent la précarité et le sentiment d'isolement causés par l'exil.

La famille peut aussi compter sur le soutien d'un groupe de jeunes issus de la même ville que le père, Deir ez-Zor, au nord-est de la Syrie, qui aide Ansaf à s'occuper des enfants et des tâches quotidiennes. Cette solidarité envers la famille est envisagée par ces jeunes gens comme un devoir en raison notamment de l'origine du père, connu à Deir ez-Zor pour son investissement dans la contestation anti-régime.

De par leur travail, leurs études, leurs sociabilités, les membres des deux familles syriennes dont nous avons ici retracé le parcours parviennent à créer un semblant de vie quotidienne dans un contexte de profonde instabilité. Ainsi, bien que Gaziantep soit pour elles un lieu de séjour temporaire dans l'attente de s'installer dans un pays tiers, cette ville constitue un lieu d'ancrage où ces familles syriennes se recomposent et se transforment au gré de la guerre mais aussi des nouvelles configurations sociales créées par l'exil.

Un passé qui ne passe pas : la tutelle syrienne sur le Liban

Mais avec l'afflux de plus en plus important des réfugiés de Syrie et leur installation dans la durée en l'absence de toute solution au conflit, la solidarité et la compassion ont peu à peu laissé la place à des tensions entre « nouveaux » et « anciens » réfugiés. Avant d'évoquer les raisons qui sont à l'origine de ces tensions, il est nécessaire de revenir sur deux points importants à prendre en compte afin de comprendre le rapport des Palestiniens au Liban, de même que celui des Libanais aux réfugiés en provenance de Syrie.

Le premier concerne la politique du régime syrien au Liban, son influence voire sa domination sur le pays pendant des années : même au Liban il était interdit de critiquer le régime syrien. Le camp de Chatila a particulièrement fait les frais de cette mise sous tutelle. Ainsi, dans les années 1980, le régime syrien a soutenu, si ce n'est provoqué, les affrontements les plus durs qu'ait connus la population du camp. À l'issue de ce qu'on a appelé la « guerre des camps », les organisations palestiniennes proches du régime syrien ont pris le pouvoir à Chatila par la force. Pour beaucoup de Palestiniens des décennies plus tard, il reste difficile de dissocier les ressortissants syriens du régime Assad, même si ceux qui se réfugient à Chatila après 2011 en sont aussi, en grande partie, les victimes. Bien que certains habitants du camp n'hésitent pas à soutenir les nouveaux arrivés, l'histoire et la mémoire du conflit passé semblent entraver les élans de solidarité ou la volonté d'aller à la rencontre de l'autre.

Le second point porte sur les divisions et positionnements politiques que suscite la situation en Syrie, entre alliés et opposants au régime. Ce point a des effets sur la représentation que les anciens habitants du camp ont des Syriens nouvellement installés. Wafaa raconte par exemple comment, lorsqu'elle est arrivée à Chatila au début des années 1990 – soit au lendemain d'une guerre civile soutenue par le régime syrien –, elle a souffert des remarques que lui faisaient les Palestiniens du camp et au sein même de sa belle-famille. On déversait sur elle toute la haine envers le régime et, par transfert, envers la Syrie et les Syriens. Quand la révolution a commencé en Syrie, elle a constaté un changement dans la façon dont on s'adressait à elle et dont on parlait du peuple syrien. La révolution a donc permis, pour ses partisans au Liban, de revaloriser l'image des Syriens.

Une dégradation des conditions de vie dans le camp

Suivant cette histoire et les divisions politiques que suscite l'évolution actuelle de la Syrie, plusieurs éléments de tensions se font jour tant dans les discours que dans les pratiques. Le premier est la dégradation des conditions de vie, déjà extrêmement précaires, dans le camp, du fait de l'installation des nouveaux réfugiés. S'il est difficile d'évaluer avec précision la population venue de Syrie actuellement présente à Chatila, il est possible d'en donner un ordre de grandeur en croisant différentes sources (Unrwa, comité populaire de Chatila, ONG). En septembre 2014, près de 5 000 Syriens et Palestiniens de Syrie étaient installés à Chatila, les premiers constituant un peu plus de la moitié[1]. Selon ces mêmes sources, la population totale du camp variait alors de 22 000 à 30 000 habitants, dans un

1. Selon Abou Nour, membre du comité populaire de Chatila, il y aurait 600 familles syriennes et 100 palestiniennes, soit près de 3 000 Syriens et 1 000 Palestiniens sur la base d'une moyenne de cinq membres par famille. Mais ces chiffres correspondraient au nombre d'appartements occupés et non pas à celui des familles qui vivent effectivement dans le camp, sachant que plusieurs familles partagent souvent le même logement (entretien réalisé le 22 septembre 2014). Selon d'autres sources, celles-ci non officielles, Chatila abritait en juin 2014 près de 2 000 Palestiniens de Syrie et 2 250 Syriens.

périmètre de moins d'un kilomètre carré. Des données plus récentes font état de 3 800 réfugiés de Syrie (1 600 à 1 700 Palestiniens et 2 000 à 2 100 Syriens). L'augmentation de la population n'a pas été suivie d'un développement des services (électricité, eau) et d'une adaptation de l'infrastructure du camp déjà insuffisants et inadaptés à la population précédente.

De plus, l'arrivée des réfugiés de Syrie s'est accompagnée d'une spéculation sur les logements, provoquant une inflation généralisée du prix des loyers. Le loyer mensuel d'un logement de deux pièces au rez-de-chaussée d'un immeuble est ainsi passé de 100 dollars à 200 dollars entre fin 2012 et 2014. Cette situation affecte toute la population du camp, certains habitants ayant entrepris de construire des logements pour les louer aux réfugiés syriens et saisir cette nouvelle occasion de profit. Dans ce contexte, l'espace de vie dans le camp s'amenuise, réduisant par là même l'intimité de tous.

Blocs de logements à Chatila

En 2014, les questions du « bruit des enfants syriens », des « poubelles des Syriens », du manque d'eau et d'électricité « à cause des Syriens » revenaient constamment dans le discours des Palestiniens de Chatila, les disputes sur les nuisances sonores se multipliant. Les enfants syriens, pour la plupart non scolarisés (en tout cas en 2014), passent leurs journées dans les ruelles, faute de place dans les logements. Oum Samer, une mère syrienne de cinq enfants de 3 à 13 ans, dont seul un fils de 6 ans va l'école (tandis qu'un autre, âgé de 10 ans, travaille dix heures par jour), affirme beaucoup souffrir des réflexions de ses voisins palestiniens. La famille vit au rez-de-chaussée d'un immeuble de cinq étages occupés par d'autres familles syriennes. Oum Samer se sent plus à son aise avec ses voisins syriens. En plus de partager une histoire et des conditions de vie communes, ces derniers sont plus indulgents et patients avec ses enfants. Comme elle le dit : « Si mes enfants les dérangent ou se bagarrent avec les leurs, ils les supporteront ».

Concurrence sur le marché du travail et de l'aide

Un autre élément de tensions réside dans la concurrence que représentent les réfugiés de Syrie sur le marché du travail libanais où ils investissent les mêmes secteurs d'activité que les Palestiniens. La concurrence entre Palestiniens et Syriens existait déjà par le passé, surtout dans les années 1990, la main-d'œuvre syrienne étant moins chère que la main-d'œuvre palestinienne. Depuis 2011, les employeurs profitent de la situation pour exploiter davantage les Syriens qui n'ont pas d'autres choix que d'accepter des salaires et des conditions de travail misérables. Les Palestiniens, comme les Syriens travaillant au Liban avant 2011, sont donc affectés par cette situation et doivent désormais composer avec cette concurrence nouvelle.

Enfin, l'exclusion des Palestiniens du Liban de plusieurs programmes d'aides destinés aux seuls Syriens et Palestiniens de Syrie constitue un autre vecteur de tensions. Chaque fois qu'ils se tournent vers les ONG et les associations pour obtenir des aides, les premiers s'entendent répondre qu'ils ne peuvent y prétendre. Au mois de septembre 2014, un programme d'emploi pour le nettoyage du camp mis en place par une ONG palestinienne à Chatila a ainsi suscité de vives tensions, l'offre étant adressée en priorité aux « Palestiniens syriens », considérés comme plus démunis que les autres Palestiniens. À cela, il faut ajouter les réductions des budgets de l'Unrwa destinés aux réfugiés palestiniens du Liban et même, depuis 2014, des aides de l'Unrwa envers les Palestiniens de Syrie. Autant de facteurs qui contribuent à attiser les conflits entre les plus démunis, alimentés par une concurrence croissante pour l'accès à des ressources et à des aides toujours plus réduites.

Les tensions qui apparaissent dans le camp prennent *in fine* la forme d'un conflit de légitimité entre nouveaux et anciens réfugiés. Les Palestiniens de Chatila considèrent le camp comme leur territoire propre ; ils estiment donc avoir davantage de droits sur cet espace, et sur les services et les aides qui y sont dispensés.

Vers une pérennisation du provisoire

Le système d'aide mis en place dans le pays accentue les effets de frontières entre Syriens/Palestiniens de Syrie et Palestiniens du Liban. Ces catégorisations institutionnelles, qui reposent, dans un cas, sur des régimes juridiques distincts plutôt que sur le pays de départ (Syriens/Palestiniens de Syrie) et, dans l'autre, sur la société d'accueil d'origine des réfugiés (Palestiniens du Liban/Palestiniens de Syrie), donnent lieu à des expériences différenciées et renforcent les « limites » entre les différents groupes.

La situation à Chatila rappelle, à bien des égards, celle qu'on observe plus généralement au Liban. Le camp apparaît comme un microcosme du pays, avec, toutefois, des dynamiques spécifiques qui recoupent des enjeux liés à l'histoire du camp et la mémoire des groupes qui l'occupent. Forts d'une longue expérience de relégation de la part de l'État libanais et de la « communauté internationale », et en l'absence de toute solution diplomatique en Syrie, les Palestiniens de Chatila sont bien conscients qu'ils devront encore longtemps gérer eux-mêmes l'installation des nouveaux réfugiés dans le camp.

Beyrouth, au carrefour d'une nouvelle culture syrienne

Avec le déclenchement de la révolution syrienne, en mars 2011, Beyrouth est devenue un lieu de passage obligé pour des dizaines de milliers de Syriens fuyant la répression et la guerre. Au-delà du nombre important, les conditions de vie et les attentes quant au pays d'accueil des Syriens réfugiés au Liban sont bien évidemment contrastées. Des milliers de militants, d'étudiants et d'intellectuels syriens sont passés par Beyrouth, en transit pour l'Europe, l'Amérique du Nord ou d'autres pays arabes. Certains ont été contraints ou ont choisi, avec plus ou moins de latitude, de demeurer dans une ville où l'influence du régime syrien demeure forte. N'était cette influence, il est certain que l'implantation d'une intelligentzia syrienne en exil au Liban aurait été massive en raison de la proximité géographique des deux pays et de l'intensité des multiples liens qui les unissent.

Le degré d'intimité et d'étrangeté[1] qui caractérise les relations entre Syriens et Libanais varie selon de nombreux facteurs pour chaque individu. Pour les Libanais, la mémoire vive de l'occupation syrienne (entre 1976 et 2005) et de la guerre civile libanaise joue un rôle important mais loin d'être uniforme selon les histoires individuelles et collectives. Les Syriens au Liban présentaient alors deux visages contradictoires, celui craint et dominant de l'officier de renseignements syrien, et

1. Elizabeth Picard, *Liban-Syrie, intimes étrangers. Un siècle d'interactions socio-politiques*, Paris, Actes Sud, 2016.

celui, souvent méprisé, du travailleur syrien venu monnayer à bas prix sa force de travail. Pour une partie de la population libanaise, une relation complexe et troublée avec l'arabité, dont la Syrie représente un des bastions, a contribué à éloigner un pays proche devenu repoussoir ou constituant une part de soi inavouable.

La présence massive de réfugiés syriens au Liban, l'implication de protagonistes libanais dans la guerre en Syrie et le durcissement de la polarisation politique qui en a résulté au Liban, n'ont pas réduit le poids des stéréotypes, bien au contraire[1]. L'intervention du Hezbollah aux côtés du régime de Bachar al-Assad a cependant renversé la situation de parrainage politique puisque le parti libanais est devenu un des protecteurs essentiels du régime de Damas. C'est dans ce contexte que des initiatives artistiques et culturelles syriennes se sont déployées à Beyrouth, à partir de 2011, et que des structures et des espaces de création ont vu le jour en lien avec les nouveaux réseaux et territoires de l'exil, mais aussi avec des milieux préexistant à celui-ci. Cette localisation à Beyrouth prolonge le rôle de « zone franche culturelle » de la ville, permettant à une partie de la production éditoriale de la Syrie et d'autres pays arabes où sévit une forte censure d'être publiée[2]. L'évocation de quelques initiatives exemplaires aidera à saisir certaines des dynamiques qui sont actuellement en cours et qui redessinent la scène culturelle syrienne, à partir de Beyrouth et en lien avec l'ailleurs et l'intérieur de la Syrie.

---

1. Voir le dossier coordonné par Elisabeth Longuenesse, *La société libanaise à l'épreuve du drame syrien*, *Confluences Méditerranée*, vol. 1, n° 92, 2015.
2. Franck Mermier, « La censure du livre dans l'espace arabe », in Laurent Martin (dir.), *Les censures dans le monde, XIXe-XXIe siècle*, Rennes, Presses universitaires de Rennes, 2016, p. 315-329.

Cosmopolitisme panarabe et contraintes politiques

La capitale libanaise, du fait d'un régime plus libéral sur les plans économique et politique, et des marges de manœuvre que permet son système confessionnel, accueille des maisons d'édition et des fondations culturelles dont les capitaux proviennent d'autres pays arabes et/ou qui possèdent une dimension panarabe. Des ouvrages y sont publiés pour échapper à la censure mais aussi pour y trouver un lieu de commercialisation à l'échelle régionale[1]. Une scène artistique indépendante de l'État s'est développée à Beyrouth depuis la fin de la guerre en 1990. Ses différents protagonistes sont, pour leurs financements et pour leur promotion, liés aux réseaux internationaux ainsi qu'au nouveau marché de l'art qui a émergé dans les pays du Golfe, et aux organismes de promotion cinématographique ainsi qu'aux festivals de films qui y ont été créés.

Tous ces facteurs, outre le partage d'une frontière avec la Syrie, concourent à faire de Beyrouth une plateforme culturelle pour les intellectuels et artistes syriens en exil, et ce au double niveau régional et international. Les créateurs syriens y trouvent ainsi d'autres relais à travers des fondations culturelles panarabes[2] visant à promouvoir des jeunes artistes et créateurs arabes telles que Arab Fund for Arab Culture, Al Mawred Al Thaqafy (Ressource culturelle) et Sharq. Parmi les projets mis en œuvre par cette dernière organisation : la bibliothèque des mémoires orales des Syriens, des débats sur la culture syrienne, des projets pour promouvoir les médias libres syriens et pour

1. Franck Mermier, *Le livre et la ville. Beyrouth et l'édition arabe*, Arles, Actes Sud/Sindbad, 2005.

2. Voir Franck Mermier, « Les fondations culturelles arabes et les métamorphoses du panarabisme », *Arabian Humanities*, n° 7, 2016 (consultable sur cy.revues.org/3146).

documenter la lutte des femmes syriennes. L'ONG syrienne Madani, fondée en 2013, œuvre, à partir de Beyrouth, pour la protection des civils dans les zones en guerre, participe à la lutte pour réduire les inégalités entre genres et coopère avec des auteurs, acteurs et dramaturges syriens pour développer des programmes de conscientisation à l'intérieur de la Syrie.

La branche beyrouthine de l'Arab Center for Research and Policy Studies, centre fondé à Doha en 2011 et dirigé par l'intellectuel palestinien Azmi Bishara, emploie aussi des traducteurs et chercheurs syriens exilés. Des institutions culturelles libanaises indépendantes, telles que Ashkal Alwan pour les arts et le théâtre Tournesol, constituent en outre des relais importants pour certains peintres, acteurs et dramaturges syriens. Au moins pour ceux provenant du sud de la Syrie puisque ceux établis au nord ont pris, pour beaucoup, la route de la Turquie pour des raisons évidentes de proximité géographique et de contraintes sécuritaires.

Au-delà de ce maillage institutionnel et culturel, la ville offre un tissu dense de lieux de sociabilité propices aux rencontres, aux échanges et aussi à l'accomplissement de styles de vie liés aux milieux artiste, étudiant et intellectuel. Hospitalière pour les riches hommes d'affaires syriens, dont plusieurs dizaines ont bénéficié de l'octroi de la nationalité libanaise durant le mandat du président Michel Sleiman, Beyrouth procure aussi des interstices socioprofessionnels dans ses sphères médiatiques, audiovisuelles et éditoriales qui se projettent dans des espaces urbains à forte dimension relationnelle et communicationnelle. Nombreux sont les Syriens, particulièrement les jeunes, qui fréquentent ainsi les bars et les cafés du quartier de Hamra situé à l'ouest de Beyrouth. Parmi ceux-ci, certains font parfois l'objet d'une catégorisation politique, entre ceux considérés comme proches de la révolution syrienne et ceux affiliés au camp opposé[1].

Ces oppositions partisanes se dissolvent en partie dans le processus de dépolitisation qui affecte une partie de la jeunesse syrienne : après plusieurs années de guerre, le contexte est au désenchantement du politique allié à un fort sentiment d'impuissance, parfois mâtiné de nihilisme[2]. Il faut donc se garder de considérer la population syrienne, même dans son segment intellectuel et beyrouthin, comme uniforme, d'autant que l'adoption de lois restrictives sur le séjour et l'appel de l'émigration vers l'Amérique du Nord et l'Europe ont partiellement changé sa physionomie. Début 2015, une vague de départs de jeunes Syriens, notamment parmi les militants, a ainsi fait suite à l'imposition d'un visa aux Syriens, en janvier de la même année, tandis qu'arrivaient au Liban des jeunes hommes fuyant le service militaire et des étudiants venus s'inscrire dans les universités libanaises.

Parcours, continuités et inflexions

L'installation à Beyrouth de plusieurs acteurs importants de la nouvelle scène culturelle syrienne en cours de constitution a souvent suscité la réactivation de liens anciens formés en Syrie ou au Liban. Mohammed al-Atassi, un des fondateurs de Bidayyat pour les arts audiovisuels[3], résidait au Liban bien avant le déclenchement de la révolution syrienne. Auteur de documentaires sur des figures de l'opposition syrienne – *Ibn al-'am* (*Le cousin*) sur Riad al-Turk en 2001, *Baladnâ al-Rahîb*

1. Nicolas Dot-Pouillard, « Boire à Hamra. Une jeunesse nostalgique à Beyrouth », in Laurent Bonnefoy et Myriam Catusse (dir.), *Jeunesses arabes. Du Maroc au Yémen : loisirs, cultures et politiques*, Paris, La Découverte, 2013, p. 125-133.

2. Selon l'analyse de Yassin Swehat, directeur du site de presse syrien aljumhuriya.net installé à Istanbul (entretien du 5 août 2017).

3. Sur cette organisation, voir ci-dessous ainsi que le site Bidayyat.org.

(*Notre pays terrible*) sur Yassin al-Haj Saleh en 2014 –, il a aussi réalisé un film sur l'Égyptien Nasr Hamed Abou Zaid contraint de se réfugier aux Pays-Bas sous la grave accusation d'apostasie (*En attendant Abou Zaid*, 2010). Fils de l'ancien président syrien, Noureddin al-Atassi, renversé par Hafez al-Assad en 1970 et condamné à la prison à vie, Mohammed a mis ses compétences cinématographiques et sa connaissance des réseaux libanais et européens au service des jeunes Syriens nombreux à choisir le documentaire audiovisuel pour rendre compte des réalités de leur pays depuis 2011.

Hassan Abbas, fondateur de la Maison du citoyen en mai 2012, était professeur de langue et littérature arabes à l'Institut français du Proche-Orient (Ifpo) dont la branche syrienne a dû cesser ses activités à Damas et se transporter à Beyrouth fin 2011. Ce chercheur et écrivain, militant pour la démocratie, a réussi à gagner le Liban et a repris, pour un temps, ses activités d'enseignement à l'Ifpo, tout en créant une maison d'édition et en participant au lancement d'activités culturelles destinées aux jeunes Syriens. Le ciné-club de la Maison du citoyen qui se tient chaque semaine est accueilli dans les locaux d'Ettijahat-Independent Culture. Hassan Abbas participe aux activités de cette autre association culturelle syrienne en animant notamment des formations à la recherche en sciences sociales. Il dirige aussi la Ligue de la citoyenneté syrienne (Rabita al-mouwatana al-suriya) qui organise des formations à la citoyenneté pour de jeunes Syriens vivant en exil ou en Syrie, à travers la participation à des stages et à des ateliers en Europe financés par des institutions européennes.

Abdallah Kafri a été un des membres fondateurs d'Ettijahat-Independent Culture lors de sa création à Damas, fin 2011, avant le transfert de ses activités à Beyrouth dans les premiers mois de 2014. Créée pour aider les artistes syriens à l'intérieur de la Syrie, l'association insiste sur l'indépendance de la création culturelle comme un droit du citoyen. Diplômé en études théâtrales de l'Université Saint-Joseph de Beyrouth, Abdallah Kafri a étudié la littérature arabe à Damas et suivi les cours de Hassan Abbas.

Rana Yazigi fut la première directrice d'Ettijahat-Independent Culture. Depuis l'automne 2014, elle dirige Al Mawred Al Thaqafy. Cette association panarabe fondée au Caire en 2004 s'est installée à Beyrouth en 2015, quand les conditions d'exercice des ONG sont devenues difficiles en Égypte avec les mesures prises par le gouvernement du maréchal Sissi pour interdire les financements étrangers[1]. Une autre des fondatrices d'Ettijahat-Independent Culture, Maya Shurbaji, travaille maintenant comme productrice dans le cadre de Bidayyat pour les arts audiovisuels. Ainsi, le tissu relationnel des milieux culturels syriens ne s'est pas totalement distendu du fait de la dispersion mais retisse sa toile dans différents lieux et les relie entre eux. Les relations d'Ettijahat avec les créateurs syriens en Europe sont denses et étendent le canevas réticulaire formé en Syrie même.

Le site internet Creative Memory (La mémoire créative de la Révolution syrienne)[2], créé à partir de Beyrouth en 2013, prolonge l'action menée par sa fondatrice en Syrie. Sana Yazigi (à ne pas confondre avec Rana) avait en effet lancé, en 2007, à Damas un agenda culturel (*yawmiyyât thaqâfiyya*) dont le dernier numéro avait paru en 2012, avant de s'installer, la même année, au Liban dont elle possède la nationalité. Graphiste de profession, Sana Yazigi partage avec Hassan Abbas, Mohammed al-Atassi et Abdallah Kafri une connaissance fine

1. Sur Ressource culturelle (Al Mawred Al Thaqafy), voir Franck Mermier, « Les fondations culturelles arabes et les métamorphoses du panarabisme », *art. cit.*
2. www.creativememory.org.

des milieux culturels syriens. Ses relations avec des institutions européennes et internationales lui ont permis d'organiser de nombreuses expositions en Europe et aux États-Unis. Creative Memory est cependant hébergé sur une plateforme aux États-Unis ; de même, la Maison du citoyen possède une adresse syrienne, et Ettijahat est, depuis 2015, enregistrée en Belgique. Quant à Bidayyat pour les arts audiovisuels, certes reconnue comme association non lucrative au Liban, elle a bénéficié de l'engagement initial d'une curatrice allemande et de l'aide de la Fondation Friedrich-Ebert à Beyrouth.

Les conditions de séjour et d'activité au Liban et en Turquie se sont rapprochées en raison du durcissement de la législation sur les ouvertures de compte bancaire et de l'instauration d'un régime de visas ou de titres de séjour pour les Syriens. Cela a eu pour effet de réduire les mobilités entre le Liban et la Turquie où s'est aussi développée une scène culturelle syrienne dont les contours se transforment, là aussi, au rythme des départs et des arrivées entre la Syrie et l'Europe.

Documenter et créer comme modes de résistance

Le processus révolutionnaire syrien aura eu pour conséquence de transformer radicalement le contenu et les formes d'expression de toute une société. Cela répond à la nécessité de rétablir les faits dans le contexte d'une guerre de propagande dans laquelle excelle le régime, mais aussi à la volonté de projeter dans l'avenir une Syrie rêvée. Un rêve d'autant plus vivace que la combinaison de la violence extrême, de la sauvagerie répressive et guerrière, de la montée des fondamentalismes et des ingérences externes – notamment les occupations russe et iranienne – rendaient le territoire syrien de plus en plus inaccessible pour de nombreux opposants de la résistance civile. L'urgence de témoigner s'est conjuguée avec une explosion de créativité expressive touchant tous les genres, depuis les graffitis muraux jusqu'aux vidéos en passant par la musique, la littérature, la peinture et le théâtre.

Cette effervescence créatrice contraste, dans plusieurs secteurs, avec la modestie voire l'indigence de certaines productions culturelles et intellectuelles sous le régime des Assad. Que l'on pense au cinéma syrien, bien encadré par un organisme étatique, mais dont les réalisations étaient rares, alors que les feuilletons syriens destinés au nouveau marché des chaînes satellitaires arabes avaient eu leur heure de gloire. Sans parler du reportage journalistique et des recherches en sciences sociales considérées comme dangereuses car menaçant le monopole de vérité instauré par le régime. Au point qu'avant 2011 il était extrêmement difficile voire souvent impossible pour un journaliste ou un chercheur syrien de mener une enquête indépendante et de la publier en arabe en Syrie même.

Dans le domaine de la littérature, Hassan Abbas met ainsi l'accent sur le nombre de romans syriens parus depuis 2011, soit environ 114, à comparer avec la douzaine de titres publiés chaque année avant cette date[1]. La Maison du citoyen exerce aussi une activité éditoriale, et plus d'une vingtaine d'ouvrages ont été publiés dans sa collection de témoignages syriens. Le premier, paru en 2013 et intitulé *La mosaïque du siège*, est dû à la plume d'Abd al-Wahhab Azzawi, médecin et poète. Il relate le siège de la ville de Deir ez-Zor par les forces du régime durant l'été 2012. L'un des ouvrages les plus récents, le vingt et unième de la collection, publié en 2016 et rédigé par Rami al-Achiq, *Depuis que je ne suis pas mort*, est un recueil de textes littéraires inspirés par la situation de guerre et la condition de réfugiés syriens.

1. Entretien avec Hassan Abbas, Beyrouth, 30 mai 2017.

Sana Yazigi souligne, elle, cette envie existentielle de s'exprimer qui s'est propagée depuis la révolution et qui fait contrepoint aux interdits et au mutisme qui caractérisaient le pays[1]. Son projet est donc de faire écho à cette énergie créatrice qui donne un sens au présent réapproprié des Syriens en documentant « toutes les formes d'expression intellectuelle et artistique produites pendant la révolution ». Le site de Creative Memory archive ainsi 27 000 documents en trois langues (arabe, anglais, français) et est consulté mensuellement par plusieurs milliers de visiteurs.

Dès les premières semaines du soulèvement syrien, de nombreux militants se sont transformés en journalistes-reporters-citoyens pour documenter les événements quotidiens et forger un autre récit que celui diffusé dans les médias officiels du régime. Cet effort de documentation mais aussi de création s'est notamment exprimé par un usage massif de la vidéo et leur diffusion sur Youtube. Ce flot d'images et ce recours à l'outil filmique a suscité la création de Bidayyat pour les arts audiovisuels qui a pour objectif de soutenir la création et la production de documentaires et de courts métrages expérimentaux ainsi que d'organiser des formations dans le domaine audiovisuel.

Ettijahat développe aussi des programmes pour soutenir les jeunes créateurs, notamment dans leur recherche de financement, et particulièrement les individus et groupes marginalisés, notamment les exilés installés ou non dans des camps de réfugiés. Dès 2016, des projets ont vu le jour pour relier les artistes syriens exilés à des associations et institutions européennes en Allemagne, aux Pays-Bas et en France. Un programme Abtakir Sûriya (Je crée la Syrie) a été mis en place pour aider la création artistique hors de Syrie, tandis qu'un

1. Entretien avec Sana Yazigi, Beyrouth, 31 mai 2017.

accord a été passé avec la maison d'édition syrienne Mamdouh Adwan, installée à Abou Dhabi, pour la publication d'ouvrages[1].

De la ville-refuge à la ville-relais

Les quelques expériences mentionnées ci-dessus n'épuisent certes pas la gamme des initiatives en tous genres déployées au Liban, notamment dans le cadre du riche tissu d'ONG qui s'occupent des réfugiés syriens. Beyrouth, destination naturelle des intellectuels et artistes syriens, est cependant devenue un lieu de refuge précaire pour ces derniers dont le nombre a diminué depuis que l'entrée et le séjour des Syriens font l'objet d'une réglementation sévère. La vitalité des milieux éditorial, audiovisuel et artistique beyrouthins permet l'éclosion de niches professionnelles, d'autant qu'elle est en grande partie combinée à la présence d'institutions arabes et internationales de financement pour les productions culturelles. Cela contribue à entretenir en permanence un flot de projets et de circulations, notamment entre l'Europe et le Liban.

Les activités des institutions évoquées dépassent de loin l'horizon libanais, leur finalité est située à la fois dans le territoire mouvant de l'exil et dans celui projeté de la Syrie en devenir. Elles visent à donner un sens au combat du présent et à construire l'avenir. Beyrouth en est un relais commode du fait de son caractère cosmopolite et polyglotte, un statut que les dissensions politiques intérieures autour de la question et de la présence syriennes fragilisent, et que les évolutions de la

1. Parmi les livres publiés : *Du travail culturel syrien pendant les années de braise* (collectif, en arabe, 2016), *Recherches pour l'approfondissement de la culture de la connaissance. Cinq études sur la situation présente en Syrie* (collectif, en arabe, 2016). Deux autres livres sont en préparation, celui d'Elaf Badreddin, lauréat du prix Sadik Jalal al-Azm de l'étude culturelle, *La langue de la révolution syrienne*, et un ouvrage collectif constitué de témoignages sur l'action culturelle en Syrie durant les six dernières années.

situation en Syrie même pourraient remettre en cause. Dans le contexte d'un exil éclaté et en recomposition constante, la création artistique et culturelle syrienne prend appui sur de multiples centralités dont Beyrouth n'est plus qu'un des phares pâlissants.

Beyrouth, ville-carrefour, ville itinérante

La notion de « ville itinérante » traduit un espace par excellence et un mouvement. Elle renvoie à trois idées : les mouvements vers la ville, les mouvements dans la ville et la ville en mouvement. Beyrouth est une ville itinérante en ce qu'elle constitue une ville au carrefour de nombreuses mobilités régionales et internationales. En effet, elle est le fruit de flux qui viennent vers et à elle : humains, marchandises et capitaux. Elle rassemble de nombreux itinérants (expatriés, migrants et réfugiés) et de multiples itinérances. Parmi les gens qui la pratiquent et l'habitent[1], peu y résident de façon permanente. Le caractère itinérant de la capitale libanaise résulte non seulement de trajectoires migratoires (mouvements vers la ville) mais également de trajectoires intra-urbaines (mouvements dans la ville).

Les mobilités de jeunes vendeurs de rue[2] syriens à Beyrouth dessinent des trajectoires singulières dans leur articulation et leur chevauchement d'espaces. Il s'agit d'en esquisser les lignes et d'en épaissir le trait. Les deux premières dimensions de la ville itinérante – les mouvements vers et dans la ville – parachèvent la notion en permettant le façonnement de la ville en mouvement, en transformation, en reconfiguration, en (ré)

1. La notion de l'« habiter » renvoie au rapport que l'homme entretient avec les lieux au sein desquels il évolue. Voir Thierry Paquot, Michel Lussault et Chris Younès, *Habiter, le propre de l'humain*, Paris, La Découverte, 2007.

2. Les termes « vendeur de rue » et « commerçant ambulant » sont indistinctement utilisés.

aménagement et en (dé)construction. Le récit urbain de la ville de Beyrouth et les dynamiques qui la façonnent évoquent souvent un urbanisme « non maîtrisé ». On s'intéressera ici non à l'agencement morphologique et matériel de la rue mais à son occupation et aux initiatives de ceux qui la font, et notamment aux dynamiques et aux trajectoires urbaines des réfugiés syriens vendeurs ambulants. Il s'agit, en outre, de déconstruire l'idée selon laquelle la mobilité forcée conduit nécessairement à l'immobilité contrainte. À Beyrouth, les frontières communautaires et sociales apparaissent comme de véritables clés de lecture des pratiques urbaines. Ces dernières sont guidées par des seuils matériels et symboliques, hérités de la ligne verte de démarcation est/ouest d'une ville divisée par la guerre civile libanaise (1975-1990). L'état de tension permanente, favorisée en partie par le conflit syrien voisin, vient alimenter cette « territorialisation des appartenances »[1]. Dans ce contexte, il s'agit d'interroger ce que les vendeurs de rue syriens « font à la ville », l'entrée par le commerce ambulant offrant un point de vue spécifique sur les formules de l'installation des réfugiés syriens au Liban.

Expériences syriennes au Liban : de l'ouvrier au réfugié

Tandis que Londres a les yeux rivés sur Calais et que Paris surveille Vintimille, Beyrouth accueille près de 30 % du million de Syriens officiellement réfugiés au Liban[2]. Si certains Syriens

1. Franck Mermier, *Récits de villes. D'Aden à Beyrouth*, Arles, Actes Sud, 2015.
2. 1 017 433 réfugiés syriens au Liban au 30 septembre 2016 parmi lesquels 287 610 vivent à Beyrouth (UNHCR). Par ailleurs, le terme « réfugié » est ici employé au sens large, et non au sens légal défini par la Convention de Genève de 1951 dont le Liban n'est pas signataire. Par « réfugiés syriens » nous entendons les personnes ayant quitté la Syrie pour des raisons de sécurité ou de survie.

prennent la route pour un ailleurs, d'autres font le choix de l'attente indéterminée, chez le voisin, dans l'espoir du retour. Désormais, au Liban, une personne sur quatre est un réfugié syrien. Il serait pourtant imprécis autant qu'inexact de réduire leur présence au Liban au seul prisme de la crise humanitaire qui, depuis 2011, vide villes et villages syriens. En effet, elle s'inscrit également dans le temps long des migrations syriennes au Liban[1], notamment dans le cadre de la reconstruction du pays au sortir de la guerre, puis de son important développement immobilier. Jouissant d'une réelle liberté de circulation entre la Syrie et le Liban, les ouvriers syriens circulaient alors de manière régulière entre les deux pays voisins. Cette présence préalable encadre une partie des mobilités des Syriens venant trouver refuge au Liban.

Aux termes d'une circulaire adoptée fin 2014, le cadre juridique régulant la présence syrienne au Liban évolue pour passer d'un régime préférentiel à un régime discriminatoire qui rend difficile l'accès au marché du travail, au logement et à l'éducation. L'usage de l'espace public par les Syriens fait aussi l'objet de restrictions et de mesures discriminatoires : certaines municipalités leur imposent un couvre-feu. Pour les Syriens ayant trouvé refuge au Liban, les conditions de vie sont de plus en plus précaires, la baisse des ressources financières s'accompagnant d'une hausse du coût de la vie. Marquées par le « syndrome palestinien », les autorités libanaises rejettent l'option de l'établissement de camps pour accueillir les populations syriennes. Ces dernières sont ainsi contraintes de trouver un abri par leurs propres moyens, pour la plupart dans

1. Voir à ce sujet John Chalcraft, *The Invisible Cage. Syrian Migrant Workers in Lebanon*, Stanford, Stanford University Press, 2009.

les « espaces écarts » des quartiers sud de la capitale[1] ou dans les camps palestiniens[2].

Sans jamais négliger la dimension culturelle du commerce de rue au Levant, il semble pertinent d'inscrire les initiatives observées dans des formes de recomposition familiale en exil et de « réinvention du quotidien »[3], forme de nouvelle économie de la survie. L'inscription de jeunes vendeurs de rue dans le paysage urbain relève d'un arbitrage entre des contraintes diverses. En vertu de la circulaire du 31 décembre 2014, les ressortissants syriens s'engagent à ne pas travailler afin de régulariser leur situation. Le secteur informel, notamment le commerce ambulant, apparaît donc comme une solution pour générer quelque revenu. Hamza[4], 13 ans, vendeur de rue à Sassine, indique qu'il vend des friandises dans la rue pour aider ses parents qui ne sont pas autorisés à travailler : « Les enfants ont moins de risque de se faire arrêter par la police ». Cette présence visible fabrique concurrence et hostilité entre « anciens » et « nouveaux » vendeurs de rue, auxquelles s'ajoute un phénomène de dépréciation de l'image de l'activité traditionnelle. D'« anciens » vendeurs de rue mettent ainsi en place des stratégies, plus ou moins visibles, d'authenticité. L'un d'entre eux insiste pour montrer sa pièce d'identité libanaise, détail révélateur d'une revendication nationale.

1. Il s'agit de « quartiers périphériques ou enclavés qui abritent des populations paupérisées et relativement stigmatisées pour des raisons communautaires, économiques et sociales », Nicolas Puig et Kamel Doraï, « Insertions urbaines et espaces relationnels des migrants et réfugiés au Proche-Orient », in Kamel Doraï et Nicolas Puig (dir.), *L'urbanité des marges. Migrants et réfugiés dans les villes du Proche-Orient*, Paris, Téraèdre, 2015, p. 14-15.

2. Caroline Abou Zaki, « Les réfugiés de Syrie dans le camp de Chatila. Conflits de légitimité et solidarités entre "nouveaux" et "anciens" réfugiés », *Confluences Méditerranée*, vol. 1, n° 92, 2015, p. 49-59.

3. Michel de Certeau, *L'invention du quotidien*, tome 1, *Arts de faire*, Paris, Gallimard, 2005.

4. Les prénoms des enquêtés ont été modifiés.

Dynamiques ambulantes : lire la ville, prendre place et épouser les rythmes urbains

Les trajectoires urbaines des vendeurs de rue syriens traduisent leur connaissance de la ville et leur capacité de négociation avec les normes établies. S'y intéresser invite à traverser la ville : des espaces de relégation où ils résident aux rues marchandes où ils travaillent. De même que les migrants en général, les Syriens à Beyrouth « ne sont pas des objets inertes traversant des espaces neutres et indifférents »[1]. Les vendeurs de rue témoignent d'une connaissance du « langage des lieux »[2], de savoir-faire et de « savoir-circuler » qu'illustre l'imbrication des lieux de résidence, périphériques, et des places marchandes, centrales. Ce sont moins les logiques de proximité spatiale que les logiques de rentabilité qui guident le commerçant dans son expérience de la ville. Ainsi, la distance qui sépare l'espace résidentiel de l'espace commercial peut se mesurer à diverses échelles : urbaine (vivre à Sabra, travailler à Hamra), nationale (habiter Tripoli, vendre à Beyrouth), voire régionale (partager son temps entre le Liban, espace de travail, et la Turquie, espace de repos). Beyrouth, par son statut de ville-capitale et son effervescence, constitue l'épicentre de ce phénomène : 58 % des enfants vendeurs de rue présents dans la pays prennent place dans le Grand Beyrouth[3].

Pris entre impératif financier et vulnérabilité dans l'espace public, les commerçants ambulants savent se rendre plus ou moins visibles, alternant stratégies de présentation de soi et

1. Marie-Antoinette Hily et Emmanuel Ma Mung, « Catégories et lieux des circulations migratoires », *Cahiers de recherche de la MIRE*, n° 16, 2003, p. 35.

2. *Ibid.*

3. Unicef, ILO, Save The Children et le ministère libanais du Travail, *Children Living and Working on the Streets in Lebanon. Profile and Magnitude*, The Bureau of Population, Refugees and Migration. US Department of State, 2015, p. 16 (consultable sur huit.re/ngh8vNXL).

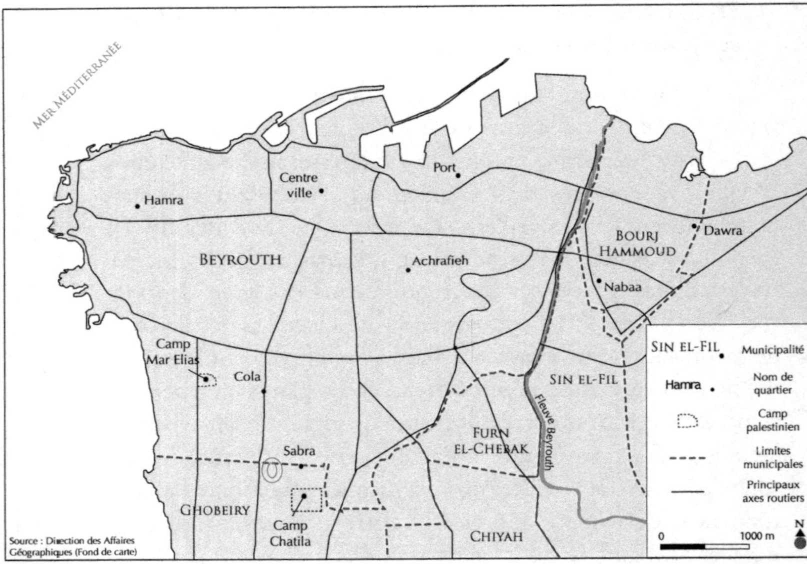

Source : Direction des Affaires Géographiques (Fond de carte)

stratégies d'évitement. Par définition lieu de rencontres et de passages, la rue est l'espace de la lenteur. Elle constitue un lieu où les ambulants s'immobilisent temporairement pour mieux s'exposer à la mobilité des autres. Au cœur du quartier d'Achrafieh, la place Sassine est un lieu central de la ville où la visibilité est très grande (quartier d'activité, commerçant et résidentiel). Traversée par des trajectoires piétonnes régulières, elle est aussi un carrefour pour les automobilistes dont le flux est ralenti aux abords des feux de circulation. En outre, les terrasses des cafés et des restaurants en font un espace privilégié qu'investissent les cireurs de chaussures. Depuis l'été 2014, un « kiosque » est sorti de terre aux pieds du chantier d'un immeuble en construction ; tenu par des Libanais et des Syriens, il assure la gestion du parking attenant au chantier et est le repère des vendeurs ambulants, âgés de 9 à 15 ans, qui occupent régulièrement cet espace urbain.

Autre lieu privilégié d'activité, Dawra, situé en banlieue est de Beyrouth est le nœud de circulation vers le nord du pays, jusqu'en Syrie. Le carrefour jouit du dynamisme insufflé par sa proximité avec le quartier arménien de Bourj Hammoud qui regroupe une multitude de commerçants offrant des marchandises populaires, majoritairement alimentaires et de petit textile. Les trajectoires quotidiennes des employés des chantiers et des garages environnants viennent s'ajouter aux flux piétonniers du marché de Bourj Hammoud.

Enfin, la rue commerçante d'Hamra est également un lieu investi par les jeunes vendeurs syriens. Elle dessert des voies perpendiculaires menant à l'Université américaine de Beyrouth (AUB) ainsi qu'à des lieux de cultes dont les seuils sont occupés par les mendiants. Par l'aération de ses trottoirs, l'aménagement urbain permet aux ambulants de parcourir la rue de terrasse en terrasse. Âgés de 14 à 18 ans, une dizaine de cousins originaires de Deraa, dans le sud-ouest de la Syrie, investissent régulièrement la rue pour y cirer les chaussures des passants.

Les commerçants ambulants s'accommodent des espaces urbains dont ils embrassent les rythmes. Certains en font leur quotidien, à l'instar des cireurs d'Hamra qui arrivent en bus depuis Sabra chaque matin à 7 heures pour laisser place, vers 17 heures, aux vendeurs de fleurs, troquant parfois eux-mêmes leurs boîtes de cirage contre des brassées de fleurs. Place Sassine, les logiques sont semblables. Les plus jeunes vendent ou mendient, pendant que leurs aînés supervisent en veillant au réapprovisionnement en barres chocolatées, chewing-gums et colliers de fleurs. À l'ouest de la ville, deux adolescents du camp de Mar Elias rejoignent au petit matin la sortie du Sporting

Club[1] pour y proposer des fleurs à la jeunesse dont la nuit s'achève.

Pour d'autres, les rythmes sont hebdomadaires. C'est particulièrement le cas à Dawra, où le dynamisme des activités marchandes ambulantes dépend du marché attenant de Bourj Hammoud. Chaque week-end, les trottoirs y sont investis par les commerçants établis de la rue d'Arménie mais aussi par des vendeurs à la sauvette proposant des produits « ethniques » (drapeaux, épices, produits asiatiques). De Bourj Hammoud à Dawra, sans rupture dans le tissu urbain, l'offre commerciale change ensuite de visage, pour devenir informelle : sur le seuil des cafés et des épiceries, les ambulants syriens prennent place pour exposer sous-vêtements masculins, films de protection de passeport ou friandises. D'autres au contraire désertent les rues de Dawra le week-end, à l'instar d'Abdallah, un vieil homme libanais qui, du lundi au samedi y vend du thé et du café au croisement de deux rues. Un peu plus au nord-ouest, dans les rues animées de Mar Mikhael, un groupe d'enfants syriens résidant à Tripoli investit chaque fin de semaine les trottoirs de cet ancien quartier d'artisans devenu un haut lieu de la vie nocturne. Là, expliquent-ils, ils gagnent beaucoup plus qu'à Tripoli où, de fait, ils travaillent moins. Enfin, quelques nuits par semaine, la rue, espace de passages et de revenus financiers, se fait refuge précaire, les immeubles à l'abandon et les ponts permettant à certains de trouver le sommeil.

Les logiques commerciales ambulantes des Syriens à Beyrouth s'inscrivent également dans des temporalités plus inhabituelles. Ainsi, quand, en 2015, le ministre de l'Intérieur libanais identifie la sécurité routière comme enjeu prioritaire et qu'une loi votée à cet effet entre en application au mois d'avril, quelques vendeurs ambulants syriens saisissent cette occasion

1. Le Sporting Club est une boîte de nuit de Beyrouth, située sur le front de mer.

pour investir un nouvel espace marchand : postés aux abords des grandes artères de circulation, ils proposent aux automobilistes des triangles de signalisation routière. Avec un sens similaire de l'opportunité, la période du Ramadan voit se renforcer la présence des mendiants aux abords des mosquées du centre-ville, tandis que les vendeurs de rue syriens de la place Sassine s'éclipsent temporairement. Au cours de la même période, dans le quartier de Gemmayzeh, un jeune Homsiotte investit chaque vendredi soir le trottoir de l'église Saint-Antoine pour y vendre des pâtisseries orientales, s'installant ainsi dans une triple temporalité : événementielle (Ramadan), hebdomadaire (le vendredi) et quotidienne (à la nuit tombée).

« Lutte des places » : la fabrique de l'altérité

Les places marchandes évoquées plus haut témoignent de situations de coprésence, au sens défini par Erving Goffman : le regroupement d'un ensemble de personnes dans une même unité de temps et de lieu[1]. Les lieux étudiés sont partagés entre vendeurs de rue syriens, libanais, palestiniens, égyptiens, sud-asiatiques, mais également avec les commerçants établis, les citadins, les forces de l'ordre et les volontaires d'ONG. En cela, ils constituent des laboratoires pour appréhender le partage de l'espace, les formes de la coprésence et l'organisation du système de placement et d'attribution des places et emplacements. Ce corps à corps urbain produit frottements et affrontements, la commune présence façonnant de nouvelles sociabilités qui participent d'une fabrique de l'altérité et contribuent à la transformation des villes. Ces marges en partage posent la question des dynamiques d'interactions concurrentielles et/

1. Erving Goffman, *La présentation de soi. La mise en scène de la vie quotidienne*, Paris, Éditions de Minuit, 1973.

ou complémentaires qui s'instaurent, se négocient et se jouent entre les vendeurs.

Après avoir éclairé les manières de « circuler » et de « prendre place » des réfugiés syriens vendeurs de rue, il s'agit maintenant, à travers la description des pratiques de solidarité observées dans ces espaces marqués par une « lutte des places »[1], d'analyser un troisième mode d'action entrant dans la fabrique de l'altérité : communiquer.

Les places marchandes sont bien sûr le théâtre d'expériences de rejet, de discrimination et de domination, mais elles mettent aussi en lumière les compétences, les initiatives des Syriens et les rapports d'entraide entre les groupes en présence. Ici, les tactiques pour se rendre visibles et/ou se dissimuler prennent tout leur sens, l'existence des groupes dépendant de leur capacité à évaluer les risques et les enjeux de *voir* et d'*être vu*.

En vertu de la loi 422/2002 relative aux mineurs à risques et/ou en conflit avec la loi, les mineurs pratiquant la vente de rue sont susceptibles de faire l'objet d'une interpellation. Il s'agit donc de ne pas (trop) s'exposer aux forces de l'ordre et aux citadins hostiles, tout en restant suffisamment visible pour assurer la permanence de son commerce, de sorte que la géographie de la vente de rue syrienne à Beyrouth est modelée par celle de la présence policière. Ainsi, dans le quartier d'Hamra, lieu notoire de l'activité des vendeurs de rue syriens, la présence des ambulants tend à se dissiper au profit d'autres quartiers à mesure que la présence policière s'étend.

L'occupation d'une portion d'espace par un vendeur de rue relève davantage de l'opportunité commerciale ou de la facilité d'ancrage permise par l'urbanisme et le mobilier urbain que d'une réelle négociation avec les commerçants établis[2]. Ces

1. Michel Lussault, *De la lutte des classes à la lutte des places*, Paris, Grasset, 2009.

2. Par « commerce établi », nous entendons tout dispositif commercial inscrit dans

derniers indiquent ne pas être dérangés par les vendeurs de rue « s'ils sont polis ». L'accord entre établis et ambulants est donc tacite. Les vendeurs de rue s'installent ou déambulent au gré des opportunités économiques. Les cireurs prennent place à proximité de banques, de lieux de travail, de cafés mais aussi sur de larges trottoirs où l'arrêt d'un client n'entravera pas la circulation des autres piétons. Les terrasses des cafés, où les consommateurs immobiles sont autant de clients potentiels, sont prisées par les vendeurs de friandises, de tickets de loto, mais aussi par les mendiants. On les trouve aussi aux recoins des immeubles, sous les ponts à l'abri du soleil ou de la pluie, devant les pas de porte de magasins fermés, dans les interstices entre deux commerces établis et sur les éléments de mobiliers urbains (marches et bancs). L'enceinte des établissements de restauration demeure cependant largement inaccessible, les garçons de café étant rares à autoriser les vendeurs ambulants à y pénétrer : seul l'accès aux terrasses est toléré. De manière générale, les commerçants sont très attentifs aux réactions de leur clientèle en présence des vendeurs de rue, n'hésitant pas à les déloger lorsque le seuil de tolérance semble sur le point d'être franchi.

Si la vente ambulante donne parfois l'impression d'une fourmilière, elle est, pour beaucoup, une expérience individuelle. C'est en parvenant à créer, développer et tirer profit de formes de solidarité, résultats de jeux sociaux, que les vendeurs de rue parviennent à sortir de leur isolement. Les situations de coprésence observées témoignent de formes plurielles de solidarité qui lient les groupes ambulants, établis étrangers et citadins libanais. En dépit des relations complexes – si ce n'est tendues – qu'entretiennent le Liban et la Syrie depuis leur indépendance, le conflit syrien « a révélé de manière

le bâti : épicerie, boutique, restaurants et cafés.

insoupçonnée les extraordinaires ressorts de solidarité et d'entraide de la société libanaise "en dehors" de l'État, comme si les citoyens ordinaires, par lassitude ou par résignation, s'étaient habitués à fonctionner sans lui »[1]. De l'approvisionnement en marchandise à l'apprivoisement des places marchandes, toutes sortes de stratégies individuelles et collectives sont déployées. Au nom de logiques commerciales, les corps relient les marges aux centralités où se créent et se développent ces formes de solidarités.

Originaire de Homs, Nassim a fui les violences en rejoignant d'abord Damas, avant d'atteindre le Liban. Son parcours migratoire discontinu témoigne non seulement d'une mobilité personnelle mais aussi d'une mise en mouvement de son activité commerçante. À Homs, il aidait occasionnellement son père à l'épicerie. Puis, dans les rues damascènes, il a fait ses premiers pas dans la vente ambulante grâce à un ami pharmacien de son père qu'il aide à livrer ses médicaments. Arrivé au Liban, il pratique le commerce de rue à Tripoli puis à Jounieh, sous l'aile d'un fleuriste égyptien. Son insertion dans le commerce ambulant témoigne d'une faculté à fabriquer des solidarités dans l'altérité, en usant des liens créés par son père avec des amis (le pharmacien de Damas) ou en se rapprochant de commerçants inconnus (le fleuriste égyptien).

Un espace urbain une fois investi, il convient de s'y maintenir, autrement dit de s'y inscrire dans le temps. Pour ce faire, le vendeur de rue doit relever un double défi : d'une part, s'assurer l'approbation implicite des autres acteurs du lieu, et d'autre part, trouver sa place parmi les commerçants ambulants déjà présents. Le partage d'un espace de coprésence crée des

1. Vincent Geisser, « La question des réfugiés syriens au Liban. Le réveil des fantômes du passé », *Confluences Méditerranée*, vol. 4, n° 87, 2013, p. 67-84.

socialités que le temps lie et consolide jusqu'à faire naître des formes de solidarité.

À Hamra, aux abords d'un café, les cireurs partagent le trottoir avec les chauffeurs de taxis qui interpellent les clients potentiels. Les échanges de bons procédés permettent parfois aux vendeurs de rue de compléter leurs revenus. Certains épiciers et restaurateurs leur fournissent par exemple de l'eau en contrepartie de leur aide dans le ramassage des déchets. Des formes de solidarité plus profondes peuvent s'établir, comme cet épicier de Mar Mikhael qui fournit à un jeune Syrien des barres chocolatées qu'il pourra revendre, sur la base d'un crédit de 10 000 livres libanaises[1]. Si l'enfant touche une somme supérieure à ces 10 000 livres en revendant ces produits, il remet l'excédent à l'épicier. Avec le temps, certains vendeurs de rue connaissent même une promotion, à l'instar de Haitham, qui a aujourd'hui intégré une petite épicerie à Hamra.

Par ailleurs, sa connaissance de l'espace urbain fait du commerçant ambulant une personne-ressource que les citadins n'hésitent pas à solliciter pour s'orienter dans la ville. Simultanément, le vendeur de rue trouve avec le citadin de nombreuses occasions de menus profits, en jouant de sa familiarité des lieux. Un cireur de chaussures ayant observé les difficultés d'une femme à faire fonctionner un horodateur se voit ainsi gratifier de quelques pièces en guise de remerciement après lui avoir apporté un ticket de stationnement recueilli sur une autre machine.

Enfin, des formes de solidarité se créent entre vendeurs ambulants pour maintenir et préserver leur « territoire » et augmenter leur profit. Le poids du groupe de pairs s'avère considérable dans cette sphère de l'informel. Un travailleur social pour International Rescue Committee (IRC) souligne

1. Soit l'équivalent de 5 euros.

ainsi la difficulté, pour un nouvel arrivant, de pénétrer l'univers de Mar Mikhael s'il n'est pas de Deraa, « même s'il est Syrien ». Travailler à plusieurs permet également la mise en place de stratégies économiques, comme le fait de s'accorder sur les produits proposés (les chewing-gums pour l'un, les fleurs pour l'autre) afin de ne pas se concurrencer.

Le commerce ambulant comme mode de présence des Syriens à Beyrouth révèle des situations cosmopolites, c'est-à-dire des expériences croisées de consommation et de mobilité intra-urbaines[1]. Les trajectoires urbaines empruntées, les rythmes épousés et les formes de solidarité inventées éclairent une fabrique quotidienne de l'altérité et de l'urbanité propre aux migrants et aux réfugiés au Liban. Ils informent sur « la capacité des places marchandes à permettre à des individus de prendre place dans la ville et d'en être acteur »[2] pour mieux se l'approprier, voire la transformer. L'analyse des logiques commerciales ambulantes des Syriens offre donc un éclairage de ce que migrants et réfugiés font à la ville : le dépassement ou déplacement de frontières territoriales et l'évolution des représentations entre les établis locaux et les vendeurs ambulants, la création de centralités marchandes, la fabrique de formes de solidarité et, par conséquent, de nouvelles urbanités.

Les stratégies de survie mises en œuvre par les Syriens en exil les plus démunis soulignent les tensions qui se font jour entre solidarité et exploitation, anciens et nouveaux, emplois réguliers et travail informel. À Beyrouth, comme à Istanbul, il s'agit alors de mettre à profit les ressources offertes par la ville et par les liens d'interconnaissance pour survivre dans la précarité.

---

1. Voir Richard Sennett, *Les tyrannies de l'intimité*, Paris, Seuil, 1979.
2. Emmanuelle Lallement, « La ville marchande. Une approche ethnologique », EspacesTemps.net, 23 septembre 2013 (consultable sur huit.re/94rNfbfS).

« *Pour l'instant* », *ou la précarité des ouvriers syriens dans le secteur du textile à Istanbul*

Istanbul, ville d'accueil historique pour les migrants depuis au moins trente ans, est aujourd'hui la scène d'une migration syrienne qui se distingue clairement des précédents flux migratoires. Selon les données les plus récentes, qui datent d'août 2017, plus d'un demi-million de ressortissants syriens vivent avec un statut de protection temporaire à Istanbul, une métropole dont la population est officiellement estimée à près de 15 millions. Si Istanbul est la ville qui accueille le plus de Syriens, une partie considérable de ces réfugiés se sont installés dans les villes frontalières de Şanlıurfa (420 000), Hatay (373 000), Gaziantep (329 000) et Kilis (125 000).

Ces chiffres bruts n'informent cependant pas sur les réalités quotidiennes qu'affrontent ces personnes qui s'efforcent de survivre dans des conditions difficiles. Ce texte revient justement sur les processus d'adaptation des Syriens à Istanbul, à partir d'une enquête menée en 2015-2016[1] auprès des réfugiés syriens qui travaillent dans le textile, secteur de recrutement classique des populations migrantes.

Fadi, rencontré en mai 2016 dans un café fréquenté par les ouvriers, était repasseur dans un atelier textile. Les zones industrielles situées en périphérie d'Istanbul regorgent d'ateliers textiles où le travail, la plupart du temps flexible, informel et sans sécurité sociale, est devenu commun pour des milliers de migrants internes ou étrangers. Le secteur du textile s'avère en effet salvateur pour l'ensemble des migrants, pas uniquement les Syriens. Les Kurdes victimes des politiques de migration forcée des années 1990 tout comme les Azéris, les Afghans ou d'autres groupes de migrants

1. Ce texte est issu d'un article rédigé dans le cadre de la recherche « La société civile dans la gestion de la migration » financée par les Projets de recherches scientifiques de l'université Galatasaray. La traduction française est de Zuhal Karagöz. Les entretiens avec les ouvriers syriens ont été réalisés par Hasan Turunçkapı et Burak Gücin.

dont le nombre ne cesse d'augmenter, travaillent dans ces ateliers. Le caractère informel de ce secteur et la concurrence mondialisée au sein de laquelle il s'inscrit expliquent le recours à une main-d'œuvre principalement constituée de migrants[1]. Pour ce faire, dans une ville comme Istanbul qui, depuis trente ans, attire en continu des migrants, les employeurs favorisent l'embauche d'étrangers sans papiers. Une grande partie des travailleurs du textile n'ont pas de sécurité sociale, et la plupart d'entre eux estiment inutile de la réclamer. Fadi est dans ce cas. Il n'a pas l'air perturbé par cette situation : « Le patron considère mieux celui qui ne demande pas de sécurité », dit-il.

Fadi a 26 ans. Il est arrivé à Istanbul en septembre 2013 avec sa mère et ses deux enfants, en abandonnant son village dans la zone rurale d'Alep après le décès de sa femme et de son père. Il est l'un des travailleurs syriens les plus anciennement installés parmi les personnes rencontrées dans ce café. À son arrivée en Turquie, il a d'abord vécu à Kilis puis à Sakarya, avant de venir s'installer à Istanbul. Le gouvernement turc était alors plus tolérant quant à la mobilité des Syriens sur le territoire national. Cependant, depuis un an, il est interdit aux Syriens qui bénéficient d'un statut de protection temporaire de quitter la ville où ils se sont initialement enregistrés en premier. Les Syriens n'en désirent pas moins aller ailleurs, en particulier dans les métropoles occidentales, pour des raisons économiques ou d'autres motifs personnels comme le rapprochement familial. Mais entreprendre un tel voyage signifie renoncer aux droits que leur garantit le statut de protection temporaire, tel que l'accès aux services éducatifs et de santé, et se rendre ainsi plus dépendants encore des réseaux informels de migrants et des établissements d'aide aux migrants[2].

1. Didem Danış, « Konfeksiyon Sektöründe Küresel Bağlantılar : Göçmen İşçiler, Sendikalar ve Küresel Çalışma Örgütleri ». *Alternatif Politika*, vol. 8, n° 3, 2016, p. 562-586.

2. Voir le chapitre « L'accueil des réfugiés syriens à Istanbul. Fraternité islamique et monopolisation politique du champ associatif », in Babels. *Entre accueil et rejet. Ce que les villes font aux migrants*, Lyon, Le passager clandestin, coll. « Bibliothèque des

En arrivant à Istanbul, Fadi a d'abord trouvé un emploi à Zeytinburnu, l'un des plus anciens quartiers d'accueil des migrants. Mais cette première expérience s'est conclue par une déception, comme pour beaucoup de migrants qui ne sont pas payés ou ont été victimes d'escroquerie lors de leur première expérience de travail. Certains employeurs n'hésitent pas à profiter de leur situation précaire, présumant qu'ils ne feront pas appel à la police ou à la justice. Les migrants commencent pourtant progressivement à connaître le marché de l'emploi et les pratiques des employeurs. Ils apprennent ainsi à mieux se défendre contre l'exploitation et les abus.

La durée de résidence et d'emploi à Istanbul crée une énorme différence de situations entre les migrants. Un individu qui débute dans un atelier textile commence par travailler comme *ortacı* (ouvrier spécialisé qui porte les pièces textiles d'une table à l'autre) ou emballeur, c'est-à-dire aux postes les moins qualifiés. Les bons travailleurs et ceux qui persévèrent malgré les conditions difficiles, comme Fadi, sont « promus » au rang de repasseurs au bout de trois ans. Ils vivent alors une ascension professionnelle si limitée soit-elle. Les paies sont souvent versées de manière hebdomadaire, un travailleur migrant percevant, en fonction du poste qu'il occupe, entre 250 et 400 dollars par mois.

Les migrants accèdent le plus souvent à leur premier emploi par l'intermédiaire de contacts personnels. Cette médiation ne doit cependant pas être envisagée comme un acte de bienfaisance. Ces « amis » qui aident les migrants fraîchement arrivés à trouver un travail réclament en contrepartie le montant de leur première paie. Comme le dit Fadi, « il n'y a qu'Allah qui donne sans rien prendre en échange » ! Le recours fréquent des migrants aux mécanismes informels pour trouver du travail révèle le double visage des réseaux sociaux : solidarité et exploitation. Les premiers arrivés à Istanbul se servent de leur connaissance de la ville et de l'accumulation d'un capital social pour jouer le rôle d'intermédiaire auprès des migrants

frontières », 2018, p. 101-116.

nouvellement arrivés dans leur recherche de logement et d'emploi, ceci en échange d'une « commission ». Les anciens deviennent d'une certaine manière des *gate keepers* pour les nouveaux. Un tel système de médiation n'est cependant pas propre à Istanbul ou aux Syriens en particulier.

Depuis la convention signée en mars 2016 entre la Turquie et l'UE, la plupart des Syriens vivent dans une situation d'entre-deux et d'incertitude. L'expression « pour l'instant », qui revient de manière récurrente au cours des entretiens, en donne la mesure. Fadi, par exemple, dit ne pas se soucier de ses conditions de travail actuelles, puisqu'il désire « de toute façon » ouvrir une pâtisserie « d'ici un ou deux mois ». Plus important que la réalisation de ce rêve, ce projet lui permet de s'inscrire dans une situation temporaire, ce qui lui procure la force morale et psychologique nécessaire pour supporter les circonstances présentes. Le regroupement avec les autres membres de sa famille encore installés dans un camp de réfugiés est, lui aussi, reporté *sine die*.

Samir, un ami de Fadi âgé de 22 ans, travaille en tant qu'homme à tout faire dans un atelier de fabrication de chemises situé dans la même zone. Il est venu en Turquie avec ses parents, mais ces derniers sont « pour l'instant » dans un camp. Il loue, avec huit autres jeunes travailleurs syriens, un appartement situé à proximité de leur lieu de travail. Les travailleurs tout comme leurs patrons savent que ce travail est provisoire. Samir, dont la paie est de 300 dollars par mois, explique : « Ils nous payent en dollars puisque nous partirons en Europe ». Avant de venir à Istanbul, Samir a vécu à Antep où il a monté un commerce avec ses amis. Il a déménagé à Konya lorsque leur affaire a fait faillite. Son entreprise de vente de tabac ayant elle aussi fait faillite, il est venu s'installer à Istanbul. « J'avais besoin d'argent », dit-il en racontant les étapes de son aventure. Lui aussi affirme que son travail dans l'atelier de confection est provisoire. Quand il aura « trouvé assez d'argent et un associé », il tentera sa chance dans un autre secteur.

L'expérience des réfugiés syriens aujourd'hui à Istanbul n'est ni le premier, ni le dernier exemple de ce type de situation. Devoir abandonner ses terres pour prendre la route, devenir la main-d'œuvre bon marché dont l'économie néolibérale a besoin, souffrir de maintes formes de discrimination dans les pays d'accueil, cette situation est somme toute banale. La sociologue Faranak Miraftab pose des questions cruciales dans son étude d'un abattoir étatsunien où travaille une main-d'œuvre migrante[1] : pourquoi les migrants acceptent-ils ces travaux malgré la pénibilité des conditions de travail et les salaires très bas ? Comment survivent-ils dans ces circonstances ?

La même question se pose dans le cas des Syriens à Istanbul. Pour y répondre, il faut considérer deux mécanismes essentiels au maintien de la vie économique. Le premier consiste à réduire au maximum les frais de logement en partageant le même habitat avec des amis ou des proches. Si cela induit un environnement surpeuplé et des soucis liés au manque d'intimité, c'est aussi la seule solution pour beaucoup. Le second mécanisme consiste à envoyer le reste de la famille dans un camp de réfugiés gérés par les autorités, comme l'a fait Fadi, car ainsi, malgré les très bas salaires, le coût du logement et les dépenses quotidiennes demeurent supportables.

Ces pratiques qui consistent à rationaliser l'emploi des ressources économiques sont liées à une situation de désespoir. Les Syriens n'ont pas plus les moyens de se maintenir dans leurs pays d'origine que de migrer vers l'Europe. La seule voie qui subsiste est de lutter pour construire un avenir incertain en vivant des vies provisoires dans des pays intermédiaires comme la Turquie ; « pour l'instant ».

1. Faranak Miraftab, *Global Heartland. Displaced Labor, Transnational Lives, and Local Placemaking*, Bloomington, Indiana University Press, 2016.

L'exil, l'attente et la ville
L'expérience contrastée des Syriens et des Irakiens à Zgharta (Liban)

Par sa taille, les enjeux qui l'animent et la diversité des populations qui l'habitent, Beyrouth est souvent au centre des attentions, notamment lorsqu'il s'agit de parler de migrations. Pourtant, les autres localités libanaises, même de petite taille, sont elles aussi connectées aux mouvements migratoires internationaux : ceux des Libanais de la diaspora, ceux des travailleurs syriens, égyptiens, africains et asiatiques. Dernièrement, dans le contexte des guerres en Syrie et en Irak, ces localités ont également vu transiter et s'installer des populations déplacées par les conflits, une installation généralement synonyme d'attente : celle des Libanais, qui s'interrogent sur la durée de cette présence ; celle des Syriens[1], qui, dans leur grande majorité, patientent avant de pouvoir rentrer en Syrie ; celle des Irakiens, qui envisagent de quitter définitivement le Moyen-Orient.

La ville de Zgharta et sa région (située à environ 80 kilomètres au nord de Beyrouth et limitrophe de Tripoli) reflètent bien ces enjeux migratoires et la problématique de l'attente, à la fois pour les Zghortiotes et pour les personnes y ayant trouvé refuge. En effet, cet espace, qui regroupe environ

1. Par le biais de l'Organisation internationale pour les migrations et du Haut Commissariat aux Réfugiés, des réfugiés syriens ont pu et voulu quitter le Liban pour l'Europe, l'Amérique du Nord ou encore l'Australie. Des réfugiés ont également tenté de rejoindre l'Europe de l'Ouest *via* l'Afrique du Nord ou la Turquie et l'Europe de l'Est.

50 000 habitants[1], a vu environ 5 000 réfugiés syriens et 1 000 réfugiés irakiens[2] prendre place dans la ville et les villages environnants. Or, pour la majorité des Zghortiotes l'attente n'a pas la même signification quant à leurs relations avec ces deux groupes : réticentes et stigmatisantes à l'égard des Syriens, bienveillantes et solidaires à l'égard des Irakiens. Pourquoi existe-t-il une telle différence ?

Tout d'abord en raison de l'histoire migratoire qui lie le Liban et la Syrie. En effet, les Syriens constituent au Liban l'essentiel de la main-d'œuvre dans les secteurs de l'agriculture et du bâtiment depuis les années 1960, des travailleurs disqualifiés et infériorisés qui, dans les représentations collectives, ne peuvent prétendre au statut de réfugiés – que certains Syriens interrogés ne veulent pas revendiquer par ailleurs. Ensuite parce que les origines sociales et les niveaux de qualification des deux groupes sont très contrastés : les Syriens sont principalement des ouvriers pauvres d'origine rurale, tandis que les Irakiens sont davantage des citadins qualifiés avec un capital socioéconomique supérieur. Enfin parce que la dimension confessionnelle interfère dans la nature des relations qu'entretiennent les habitants de Zgharta, chrétiens maronites, avec des Syriens presque exclusivement musulmans sunnites d'un côté, et des Irakiens chrétiens syriaques et chaldéens de l'autre.

Ainsi, pour les Syriens interrogés, ce qui devait être un séjour de courte durée, structuré par la migration de travail historiquement instituée, se transforme inexorablement en un exil sans perspective de retour. Et en une attente que les

1. Zgharta compte à elle seule environ 30 000 habitants.

2. Les réfugiés représentent donc environ 10 % de la population résidente. Un taux bien inférieur au reste du pays et à certaines régions, notamment les localités frontalières dans la Bekaa (est) et le Akkar (nord) où l'on peut compter autant de réfugiés syriens que d'habitants libanais.

violences physiques et symboliques à leur encontre, et la précarité statutaire et matérielle rendent chaque jour plus éprouvante. Pour les Irakiens rencontrés, le Liban et Zgharta ne devaient être qu'une étape avant de quitter rapidement et définitivement le Moyen-Orient, mais cette étape semble s'éterniser. Néanmoins, ils bénéficient de l'aide des habitants, des autorités religieuses chrétiennes et, au regard des locaux, ils peuvent prétendre légitimement au statut de victimes et de réfugiés.

C'est donc au croisement de ces dimensions migratoires, sociales, économiques et confessionnelles que va se jouer localement la prétention légitime au statut de « réfugié », déterminant incidemment les conditions de l'attente d'un point de vue à la fois spatial, social, statutaire et matériel. Après avoir rappelé le contexte du déplacement des Syriens et des Irakiens vers Zgharta, nous verrons comment se construit l'expérience de l'attente dans l'exil pour les personnes interrogées et dans quelle mesure la relation différenciée des Libanais avec ces deux groupes se traduit dans leur droit à l'espace.

Les Syriens à Zgharta : de la circulation des hommes seuls à l'installation de familles entières

À l'image du reste du pays, l'économie de Zgharta dépend historiquement et structurellement de la main-d'œuvre syrienne[1], que ce soit pour le secteur agricole[2], ceux de la construction, de l'entretien et de la restauration. Localement

1. Lire à ce propos l'article d'Élisabeth Longuenesse, « Travailleurs étrangers, réfugiés syriens et marché du travail », *Confluences Méditerranée*, vol. 1, n° 92, 2015, p. 33-47.

2. Selon un article du quotidien *L'Orient le Jour* daté du 18 septembre 2017 citant les travaux du Centre de recherche et d'études agricoles libanais, dans le secteur agricole, environ 75 % des travailleurs permanents et 95 % des travailleurs saisonniers sont syriens.

et avant le conflit, cette force de travail est essentiellement constituée d'hommes seuls, âgés de 16 à 50 ans, célibataires ou non, faiblement qualifiés, originaires des secteurs ruraux des provinces d'Idlib, de Homs et de Hama – des régions aisément accessibles depuis la ville voisine de Tripoli.

Les mouvements de ce groupe s'organisent alors au gré des rythmes agricoles (la récolte des olives[1], des poires, des pommes, des oranges), des chantiers, et plus largement de la disponibilité de l'emploi à Zgharta. Certaines personnes travaillent pour le même employeur depuis plusieurs années. Mais les mouvements s'organisent aussi en fonction des temporalités animant les espaces de départ – vie familiale, plantations et récoltes, constructions réalisées avec l'argent gagné en migration. Sauf imprévu les travailleurs syriens, parfois depuis plusieurs générations et parfois des fratries entières, migrent chaque année pour des périodes allant de deux à six mois en moyenne. En définitive, depuis les années 1960 et la tertiarisation de l'économie libanaise, s'est développé un système migratoire reliant Zgharta aux trois régions de départ mentionnées, un système basé d'un côté sur le mouvement permanent et régulier, et de l'autre sur les disparités économiques entre les territoires.

Ce système a donc été profondément perturbé par l'éclatement du conflit en Syrie, par la fermeture des frontières libanaises en 2014 et par l'imposition de la *kafala* aux ressortissants syriens en 2015[2]. Par conséquent, la mobilité

1. La récolte des olives constituait la seule activité impliquant la venue importante de femmes, parfois très jeunes.

2. La *kafala* est un système de mise sous tutelle d'une personne étrangère souhaitant travailler et résider au Liban. Le *kafil*, le garant libanais, s'engage à contrôler la mobilité spatiale, sociale et professionnelle du *makfoul*, le travailleur étranger. Jusqu'en 2015 ce système n'était appliqué qu'aux ressortissants non syriens, notamment les domestiques africaines et asiatiques. À ce propos voir notamment la thèse de doctorat d'Assaf Dahdah, *Habiter la ville sans droits. Les travailleurs migrants dans les marges de Beyrouth* (2015). Seuls les hommes et les femmes seules

permanente et régulière, qui légitimait la présence des travailleurs syriens à Zgharta et qui constituait le socle du système, a disparu en raison de leur sédentarisation forcée. Et si les avantages économiques de ce système n'ont pas cessé pour les employeurs libanais qui disposent désormais d'une force de travail abondante et permanente, l'installation de familles entières a en revanche transformé les représentations qu'ont les habitants libanais de la migration syrienne. Mais en dépit d'un racisme croissant et de pratiques discrétionnaires de la part des autorités – couvre-feu du coucher au lever du soleil, arrestations arbitraires, violences physiques et symboliques –, des milliers de Syriens résident toujours à Zgharta en s'appuyant sur leur connaissance de la région et de ses habitants. En ce sens, la migration de travail passée constitue une ressource que les Syriens ont pu mobiliser dans leur exil.

« Tout abandonner et partir vite ! » : l'exil des Irakiens, de la plaine de Ninive à Zgharta

Le mois d'août 2014 est une date que les habitants de la région de Mossoul n'oublieront pas. C'est l'arrivée des combattants du groupe islamiste Daesh qui, rapidement, conquièrent la quasi-totalité des localités de la plaine de Ninive, y compris les villes et les villages chrétiens pourtant défendus par les *peshmergas* kurdes, comme Karakoche, Karamlesse et Bartela (est de Mossoul). Les habitants fuient précipitamment, principalement vers la ville d'Erbil (Kurdistan irakien).

sont soumis à ce régime. Mais au regard du nombre de Syriens actuellement au Liban, soit environ 1,5 million de personnes enregistrées ou non comme réfugiés auprès du HCR, une grande majorité ne parviennt pas à trouver un garant libanais. Cela génère de fortes tensions sur le marché du travail et une précarité statutaire supplémentaire, légitimant le harcèlement des Syriens par les autorités locales.

À Erbil, les autorités chrétiennes s'organisent pour soutenir les déplacés installés dans les rues et dans les églises, elles tentent notamment de leur trouver un logement. Les déplacés qui en ont les moyens louent une chambre d'hôtel ou un appartement. Mais les économies diminuent rapidement et, le temps passant, les familles constatent qu'elles ne pourront pas rentrer chez elles. En outre, le niveau de vie à Erbil est trop élevé pour une population déplacée qui ne parvient pas à intégrer le marché du travail local, sinon pour des revenus trop modestes. Du fait de la précarité de l'installation et du traumatisme lié aux combats et à l'exil, de nombreuses familles décident de quitter définitivement l'Irak et le Moyen-Orient. Joseph, un homme d'une cinquantaine d'années, fermier et originaire de Karakoche raconte[1] : « C'en est trop, on n'en peut plus ! Depuis 1980, on vit dans la guerre. Après les Iraniens ce sont les Américains, l'embargo, la chute de Saddam, puis Al-Qaïda et enfin Daesh. [...] Nous, les chrétiens, nous n'avons plus notre place dans cette région. Certaines familles veulent rentrer à Karakoche et restent à Erbil en attendant que la ville soit libérée, mais moi j'ai décidé que c'était fini. Je suis allé à Bagdad faire les passeports de mon épouse, de ma mère et de mes enfants, et on a pris l'avion pour Beyrouth. [...] J'avais une grande ferme avec dix-huit employés, je l'ai héritée de mon père. J'ai tout perdu. [...] C'est la première fois que je quitte l'Irak et je n'y remettrai plus les pieds ».

Joseph est arrivé à Beyrouth en octobre 2014 comme plusieurs centaines de familles qui abandonnent le Kurdistan irakien grâce à la coopération entre les autorités chrétiennes libanaises

1. Entretien réalisé en octobre 2016, à Zgharta, dans le cadre du programme de recherche ANR Lajeh « Time of Conflicts/Time of Migration. Reflections on the Categories and the Genealogy of Migration in the Middle East ». Le nom des personnes interrogées a été modifié pour respecter leur anonymat.

et syriaques irakiennes[1]. Alors que la ville ne devait être qu'une brève étape dans le projet de départ vers l'Australie et le Canada où les familles souhaitent rapidement s'installer, l'attente dans la capitale libanaise se prolonge. Isolés, insuffisamment rémunérés et ne parvenant pas à payer des loyers trop élevés, beaucoup décident d'ailleurs de rejoindre des localités secondaires, où la vie est moins chère et où la population est majoritairement chrétienne. C'est ainsi qu'un groupe d'environ 150 familles, soutenues notamment par une religieuse de la communauté carmélite, gagne Zgharta à partir de janvier 2015.

Le logement, premier lieu de l'attente et reflet des inégalités entre Syriens et Irakiens

Dans l'attente du retour ou d'un nouveau départ, le logement revêt une importance prioritaire et cruciale pour les populations en exil. Or, en raison de la précarité qui affecte les personnes déplacées, retrouver un logement, un espace à soi, un lieu d'intimité, un abri où se réfugier constitue également l'une des plus grandes difficultés. L'absence de connaissance d'un lieu, le manque de ressources financières pour payer le loyer, un parc locatif limité qui ne peut répondre à une demande forte et soudaine sont autant de freins pour l'accession à un logement. Et les discriminations à l'égard des personnes exilées dressent un obstacle supplémentaire. Autant de facteurs susceptibles d'empêcher les personnes de recouvrer une stabilité résidentielle, parfois pendant plusieurs mois.

Dans le cadre de l'enquête menée en 2016 et 2017 à Zgharta, la question des inégalités d'accès au logement entre exilés syriens et irakiens a été étudiée sous deux aspects : la qualité et la situation du bâti. Ces inégalités sont liées aux

1. Des déplacés font également le choix de rejoindre Amman en Jordanie, où ils ont de la famille déjà installée.

ressources financières disparates entre les deux groupes et au sein de ces groupes, mais également au contexte social dans lequel s'inscrit la migration. D'un côté, les Syriens sont perçus par les Zghortiotes comme un groupe inspirant la méfiance[1] et dont les modalités d'installation ne doivent pas différer de celles qui prévalaient au temps de la circulation des travailleurs saisonniers. Autrement dit, la précarité et la relégation socio-spatiale seraient un gage de mise sous contrôle et de non-installation définitive[2]. À l'inverse, les Irakiens bénéficient de l'aide de la communauté chrétienne nationale et locale ainsi que des acteurs socioéconomiques locaux.

En terme de logement ces différences se matérialisent par une relégation des Syriens dans un parc locatif souvent insalubre, exigu, issu notamment de la transformation de bâtiments inadaptés à l'habitation humaine – hangars pour bétail ou volaille, garages de voiture, lieux de stockage, bâtiments professionnels (scierie, taille de pierre) ou abandonnés. Des bâtiments qui, sans l'intervention d'ONG telles que Solidarités internationales, resteraient extrêmement sommaires[3] tout en constituant aujourd'hui pour leurs propriétaires une vraie manne financière[4]. Certes, une minorité habite dans les

1. La montée en puissance du groupe terroriste Daesh en 2014 et 2015 en Syrie et en Irak a rendu la population locale encore plus xénophobe à l'égard des personnes de confession musulmane sunnite, alimentant le sentiment de crainte alors focalisé sur les exilés syriens.

2. Dans un pays où les tensions confessionnelles restent exacerbées, de nombreux habitants et les autorités municipales veulent empêcher à tout prix une installation définitive de la population syrienne, ce qui bouleverserait selon eux l'équilibre démographique et donc remettrait en cause la domination voire l'existence même des chrétiens.

3. Cette ONG travaille dans la région de Zgharta en partenariat avec des sous-traitants locaux, notamment des réfugiés palestiniens des camps voisins de Beddawi et Nahr el-Bared, pour la construction de toilettes, de cuisines et de cloisons pour séparer les familles.

4. Des bâtiments peuvent abriter jusqu'à trente familles, avec des loyers oscillant

quartiers anciens de Zgharta, délaissés par les habitants en recherche de logements plus modernes et spacieux. Toutefois la plupart des Syriens résident à l'écart de la ville et des villages, parfois en fond de vallée où l'humidité, les serpents et les rats rendent la vie quotidienne difficilement supportable.

Bâtiments pour l'élevage de poulets
convertis et compartimentés en une vingtaine d'unités de location

Par contraste, la situation des Irakiens est plus enviable. En raison des soutiens locaux et de la solidarité des Zghortiotes, ce groupe est vite parvenu à trouver des logements décents dans des appartements de construction plutôt récente situés dans les secteurs centraux de Zgharta. S'il existe une part d'inactivité importante, au moins un ou deux membres de chaque famille sont néanmoins recrutés dans les hôpitaux de la région, par les

entre 50 et 150 euros par famille. Les prix varient selon la taille et parfois l'étage du logement.

artisans du bâtiment, dans les restaurants et les boulangeries-pâtisseries. Cela permet aux réfugiés irakiens de payer des loyers dont les niveaux restent somme toute raisonnables comparés à ceux des Syriens pour leurs abris de fortune.

Ces contextes bien distincts président pour ces deux groupes à l'attente de quitter Zgharta. Une attente que l'insalubrité et la relégation des logements rendent chaque jour plus éprouvante pour des Syriens soumis, en outre, à un couvre-feu et à une assignation à résidence lorsque aucune activité professionnelle ne justifie leur présence dans les espaces publics.

Le (non-)droit à la ville en contexte d'exil

La réponse des autorités libanaises à l'arrivée des réfugiés syriens au Liban doit se lire au prisme de l'histoire migratoire et politique de ce pays. Refusant la construction de camps pour ne pas voir se répéter une expérience équivalente à celle des Palestiniens après la Nakba[1], les autorités nationales et locales font tout ce qui est en leur pouvoir pour précariser et « invisibiliser » la population syrienne, et la maintenir sous un contrôle strict.

À Zgharta, cela se traduit par l'imposition d'un couvre-feu aux ressortissants syriens sans emploi. De la même manière, tandis que les hommes étaient habitués avant la guerre à attendre un employeur sur les trottoirs de la ville, un décret local prohibe désormais leur stationnement après 10 heures du matin s'ils n'ont pas été recrutés pour la journée. Parallèlement, les autorités municipales ont tenté de créer des points de regroupement obligatoires afin que les Syriens attendant une gâche ne soient pas dispersés aux différents carrefours. Mais en vain, car ni les employeurs libanais ni les travailleurs syriens

1. « Catastrophe », le terme désigne l'exode des Palestiniens en 1948 vers les pays de la région, dont le Liban.

ne respectent ce système. Quoi qu'il en soit, la population syrienne est comme assignée à résidence. De sorte que, hormis les enfants scolarisés circulant entre leur domicile et l'école et les adultes en train de travailler, et malgré leur nombre, les Syriens restent peu visibles dans les espaces publics de la ville où ils sont considérés comme *persona non grata.*

Point de rassemblement pour les travailleurs syriens
Municipalité de Zgharta

De ce point de vue la situation diffère encore pour les Irakiens. Contrairement aux Syriens, ces derniers ne sont soumis à aucune restriction en termes de déplacement et de regroupement. Ils sont libres de circuler dans la ville à toute heure et de se rassembler sur les trottoirs. Ils se réunissent également à l'occasion des messes et des différentes célébrations religieuses dans les églises de la ville, seuls ou avec les Libanais. Et ils profitent des espaces de loisirs et de sociabilités masculins tels que les cafés. En collaboration avec le propriétaire d'un local, Joseph a ainsi ouvert un café où les hommes se retrouvent le soir pour boire le café, jouer aux cartes et échanger des informations. Un lieu où des Zghortiotes viennent aussi déposer des colis – fruits et légumes frais, vêtements – pour aider leurs « amis » irakiens.

Le café des Irakiens à Zgharta

Zgharta, localité urbaine-rurale somme toute secondaire dans la géographie libanaise, caractérisée par l'émigration d'une large frange de ses jeunes qualifiés et par l'inactivité importante de ceux qui sont restés, a vu s'installer des milliers de personnes fuyant les violences en Syrie et en Irak. À l'image du reste du pays en proie à une forte crise économique, le marché du travail local est aussi le lieu d'une intense concurrence entre les personnes les moins qualifiées, entre nationaux et réfugiés et entre réfugiés. Cette situation génère de fortes tensions auxquelles s'additionnent les peurs et le repli communautaire dans un Moyen-Orient en pleine implosion. Ce sont là autant de facteurs qui, couplés à l'histoire politique et migratoire et aux rapports de classe, sont à l'origine d'expériences contrastées de l'exil.

Ainsi, la confusion entre les statuts de travailleur disqualifié et de réfugié influence très fortement les conditions d'installation et le quotidien des Syriens à Zgharta. S'ils sont nombreux à s'appuyer sur leur expérience de la migration de travail et sur leur réseau de connaissances constitué avant la guerre pour parer à une trop grande marginalisation et stigmatisation, il n'empêche que la plupart des familles rencontrées vivent dans une grande précarité matérielle et statutaire, soulignant à quel point les contraintes administratives, la relégation spatiale et le manque de travail les affectent individuellement et collectivement en tant que « travailleurs-réfugiés sans droits ». Pour les Irakiens, la situation est, de ce point de vue, radicalement différente puisqu'ils bénéficient de soutiens locaux et de la reconnaissance de leur statut de réfugié par les habitants libanais. Cependant, et contrairement aux Syriens, l'expérience de l'exil dans un pays et une ville inconnus pour ce groupe majoritairement qualifié et relativement pourvu en capitaux paraît plus brutale, résultat d'un départ précipité sans perspective de retour et d'un fort sentiment de déclassement social.

Conclusion

Cet ouvrage avait pour objet de mettre l'accent sur les parcours d'exil des Syriens, dont le pays est déchiré depuis à présent sept années par une guerre d'une rare violence, et sur la diversité des situations, des expériences et des conditions de vie des réfugiés au Liban et en Turquie. Les parcours de Syriens en exil se déploient aux échelles régionales, internationales et intra-urbaines, dans les territoires mêmes des villes-refuges aux hospitalités hésitantes et inégalement distribuées. La lecture des chapitres et encadrés qui composent ce livre permet en outre de faire connaissance avec des personnes – femmes, hommes et enfants – saisies dans leurs activités quotidiennes : tentatives d'obtenir une aide, sociabilité de camps, vente à la sauvette, etc.

Ces parcours révèlent trois dynamiques qui, parmi d'autres, configurent les exils dans les pays voisins (Liban, Turquie) : l'historicité et les temporalités des migrations à l'échelle régionale, l'importance des réseaux, de la reconfiguration d'acteurs et de la connaissance des territoires, et enfin la force des hiérarchisations et la diversité des statuts et des droits.

En premier lieu, comme cela a été noté de façon récurrente, la présence des Syriens au Liban n'est pas nouvelle. Oum Samer, rencontrée dans les pages précédentes, est syrienne et réside à Chatila depuis son mariage, en 1994, avec un Palestinien du Liban, boucher au marché de Sabra voisin du camp. Elle raconte avoir connu un certain ostracisme, confinant au racisme parfois, de la part de sa belle-famille et des habitants du camp, du fait de sa nationalité. Elle a dû également faire face aux accusations visant le régime syrien qu'elle incarnait aux yeux de nombreux Palestiniens du camp. Son mari est originaire du quartier de Sabra. Il s'est réfugié en Syrie avec sa famille durant les années 1980, fuyant l'invasion israélienne et les violences qui l'ont accompagnée. Lui et sa famille sont rentrés au Liban au début des années 1990 et se sont installés à Chatila.

Oum Samer comprend la situation de ses compatriotes, présents de longue date ou nouveaux arrivants, qui fuient leur pays et investissent en masse le camp de Chatila et le quartier de Sabra. Déjà, lors de son arrivée dans le camp, elle avait constaté l'existence d'un ressentiment envers ces derniers : « Quand je suis arrivée au début, j'entendais beaucoup de choses comme "les Syriens sont venus travailler et prendre notre pain", des choses comme ça ».

La connaissance que Oum Samer a acquise de ses lieux de vie est précieuse car elle permet de souligner à quel point les exils syriens contemporains sont tributaires de migrations et de circulations qui leur sont largement préexistantes. Ainsi, les modalités de l'accueil des voisins syriens au Liban sont reliées à l'histoire commune des deux pays, comme à l'expérience spécifique des exodes passées de ce pays : le précédant palestinien a donné lieu à l'édification de camps à la fin des années 1940 qui continuent d'abriter une importante population palestinienne considérée comme « étrangère » jusqu'à ce jour par la loi libanaise. Cette expérience, l'État libanais ne souhaite pas la reconduire, et n'a donc pas autorisé la création de camps pour les Syriens, contrairement aux autres pays du Proche-Orient (Irak, Jordanie, Turquie). Cela a déterminé la forme des insertions des Syriens au Liban, la plupart du temps en contexte urbain : en centre-ville pour les plus fortunés, dans les marges pour la majorité pauvre, bénéficiaire des aides internationales dispensées par les organisations internationales et les institutions des Nations unies telles que l'Unrwa et le HCR, familièrement désignés par le substantif « *al-Umam* », « les Nations ».

Sur le marché de Sabra, Oum Samer distingue les « Arabes » – Syriens, Irakiens, Libanais, Palestiniens – et les migrants asiatiques – Philippins et Sri-lankais, et surtout Bangladais, les plus présents. Elle repère les langues, mais également les différents accents régionaux (Deraa, Alep, Latakieh, etc.) des Syriens présents qui vendent fruits et légumes. Cette véritable Babel horizontale est le lieu du côtoiement des étrangers et des établis, où s'éprouvent et s'étalonnent, dans l'agitation du commerce et les tensions autour des places et emplacements, l'étrangeté et ses métriques de la différenciation et du rapprochement[1].

Car les Syriens nouveaux arrivants ont ainsi rejoint les cohortes de travailleuses migrantes originaires d'Asie et d'Afrique (les femmes représentent plus de 80 % de la population migrante venue au Liban avec un contrat de travail et un parrain libanais, un *kafil*) dans les « espaces écarts » de la ville, tandis qu'une partie d'entre eux s'insèrent dans les « lieux intervalles ». Les espaces écarts regroupent des ensembles d'habitation aux marges de la ville[2]. Les lieux intervalles font coupure dans la continuité urbaine de la ville la plus légitime, ce sont des interstices occupés de façon précaire par les plus démunis des Syriens à Beyrouth et Istanbul : logements disséminés, emplacements entre deux habitations, coins de

1. Abdellatif Chaouite avance que « la position de l'étranger relèverait […] d'une *métrique étrange*, ou d'une optique spécieuse qui rapprocherait ou éloignerait l'étranger suivant l'éthique qui cadre la relation avec lui ». Abdellatif Chaouite, « L'étranger, une figure mouvante », *Écarts d'identité*, n° 81, *Figures et lieux de l'étranger*, juin 1997, p. 2-3.

2. Voir Kamel Doraï et Nicolas Puig, *L'urbanité des marges…*, *op. cit.*

rue aménagés pour de longues stations diurnes et nocturnes, immeubles en construction squattés par les ouvriers syriens parfois rejoints par leur famille.

Les perceptions réciproques entre Libanais et Syriens sont déterminées par cette histoire commune dont les narrations diffèrent et dont certains épisodes récents continuent d'alimenter des mémoires contrastés : occupation syrienne du Liban (1976-2005), guerre civile libanaise et rôle du régime syrien et de ses factions libanaises (1975-1990) et, à présent, guerre en Syrie et présence de protagonistes libanais. Cette histoire commune complique les insertions sociales et urbaines ; elle dessine les contours d'une étrangeté entre proches, prenant appui sur une altérité nationale, économique, sociale et/ou culturelle.

La concurrence victimaire entre Libanais et Palestiniens, entre Palestiniens du Liban et Palestiniens de Syrie à Chatila et dans la banlieue sud de Beyrouth, le meilleur accueil fait aux Irakiens par rapport aux Syriens dans une petite ville libanaise, la menace politique pesant sur les opposants au régime à Beyrouth, toutes ces ambivalences accroissent les incertitudes dans l'exil.

Au Liban, comme dans les villes des pays limitrophes, des Syriens ne pouvant ni rentrer chez eux ni se rendre en Europe tentent de se maintenir et de construire un avenir dans le provisoire ; à Beyrouth et à Istanbul, on s'insère dans la précarité et les durées incertaines, et on demeure, faute de mieux, « pour l'instant ».

Le deuxième point à souligner est l'importance dans l'exil de reconfigurations d'acteurs, l'appui sur les réseaux existants ou constitués *ad hoc* et la connaissance des territoires. Les Syriens ne sont pas sans ressources pour s'orienter dans les différents labyrinthes de l'exil. Au Liban, ils peuvent compter sur des fréquentations et une connaissance des lieux que certains d'entre eux ont pu acquérir à la faveur de circulations passées. À Beyrouth, à Zgharta et ailleurs au Liban, ces acteurs peuvent s'appuyer sur leur expérience pour faciliter leur insertion et celle de leurs proches, que ce soit pour trouver un logement, un emploi, ou pour se voir offrir des perspectives commerciales comme dans le cas des vendeurs de rue. Les réseaux sociaux sont largement investis comme espace de ressource davantage encore que comme lieu de communication. Les conseils et les informations circulent ainsi et jouent un rôle non négligeable, par exemple pour s'orienter dans les circuits segmentés et complexes de l'aide institutionnelle.

Des fondations et des ONG arabes et syriennes supportent les élites sociales et culturelles syriennes à Beyrouth, et encouragent la création artistique et littéraire, même si la capitale libanaise n'est plus l'unique lieu de centralité culturelle syrienne en exil. Ces initiatives, combinées à l'occupation par des Syriens de niches artistique, intellectuelle et journalistique, favorisent la constitution d'un tissu culturel en exil, même s'il demeure fragile et mouvant.

Les dispersions intervenues dans la guerre et lors des déplacements, qui projettent les membres d'une même famille dans plusieurs pays différents parfois, obligent, de même, à des ajustements d'acteurs qui refondent la manière de faire famille dans l'exil. Dans ces adaptations, la place et le rôle des femmes sont souvent réévalués, comme le montre l'exemple de Gaziantep. Quand la famille fait défaut du fait de sa dispersion, des réseaux locaux de solidarité, structurés autour de l'activisme politique ou des appartenances locales dans la Syrie d'avant-guerre, prennent le relais des soutiens familiaux.

Enfin, la troisième dynamique est celle des statuts et de la variété des positions et des hiérarchisations. Ainsi, la « portée babélienne » de Sabra ne doit pas faire oublier les difficultés des exilés syriens à prendre pied et à s'insérer au Liban – dans le bourg de Zgharta comme à Beyrouth, à Chatila, ou dans les quartiers sud, à Hamra ou Dawra. C'est une autre figure qu'il faut alors mobiliser, celle du labyrinthe.

Revenant sur la relation par le sociologue juif autrichien, Alfred Schütz, de son exil étatsunien en 1939, Michel Agier insiste sur « l'expérience des ajustements, interprétations et apprentissages que vit partout l'étranger ». La situation d'exil s'apparente alors à « un labyrinthe dans lequel il a perdu tout sens de l'orientation »[1].

Les Syriens s'inscrivent désormais durablement dans les espaces libanais et proche-orientaux, ils tentent de s'orienter, à Zgharta, à Beyrouth, dans les rues des quartiers centraux, les ruelles du camp de Chatila et cherchent à se repérer dans les circuits de l'aide. Ils forment des regroupements plus ou moins importants qui dessinent dans cette région comme dans les pays européens septentrionaux (l'Allemagne en premier lieu, et la Scandinavie) les contours incertains de petites sociétés syriennes en exil, labiles et précaires. La diversité de ces mondes syriens de l'exil, celle des parcours et trajectoires des individus qui les forment, doit être soulignée : les Syriens exilés reflètent la diversité sociale, culturelle, économique d'un État qui comptait, avant les départs et les déplacements massifs, plus de 20 millions d'habitants. À cette diversité correspond l'intensité des hiérarchisations et les droits afférents dont rend parfaitement compte la position d'un riche père de famille aleppin progressivement transformé en réfugié au fil de son parcours européen, et celle de ce lettré francophone syrien, habitué des voyages universitaires en France, contraint à une

1. Michel Agier, *La condition cosmopolite. L'anthropologie à l'épreuve du piège identitaire*, Paris, La Découverte, coll. « Sciences humaines », 2013, p. 100.

périlleuse traversée avec l'un de ses enfants, faute d'un visa délivré par les autorités françaises.

De Lesbos à Munich. Itinéraires de réfugiés syriens et irakiens

Nous sommes en septembre 2015, au lendemain de la mort du petit Aylan, du « *Welcome refugee* » d'Angela Merkel, mais aussi de la fermeture progressive des frontières des pays d'Europe de l'Est. L'objectif de ce parcours était de faire un documentaire sur la traversée, sur le passage des frontières. Mais au fil de la traversée, il nous a été de plus en plus difficile de filmer. Les individus avec qui nous étions ont accepté d'être filmés à Lesbos, mais furent par la suite de plus en plus réticents au fur et à mesure de la remontée et de la répression subie.

Cette longue route, qui a duré trois semaines et menait, dans l'imaginaire collectif, au pays-refuge, est bordée de frontières fermées, de murs barbelés. Il faut marcher, s'hydrater, trouver où poser la tente, mais surtout ne pas s'arrêter. Notre parcours a commencé en Grèce, sur l'île de Lesbos.

Lesbos est l'une des îles les plus proches de la Turquie. À cette période, en septembre 2015, le camp de Moria n'existait pas en tant que *hotspot* (centre d'identification et de tri). Seule une partie du camp était ouverte en tant que zone de détention. Différents campements se sont formés, insalubres et éloignés de la ville principale de Mytilène. Les réfugiés arrivaient sur les plages du nord puis se dirigeaient directement vers Mytilène afin d'obtenir un billet de ferry. Ils devaient s'enregistrer auprès des autorités grecques, qui leur accordaient un laissez-passer d'une durée maximum de quelques jours pour traverser la Grèce puis rejoindre la frontière avec la Macédoine.

À Lesbos, nous avons rencontré un père et son fils. Le père était professeur de français à Alep et avait fait ses études à Nanterre.

Auparavant, il revenait régulièrement en France car il était impliqué dans différents programmes de recherche. Suite au conflit syrien, sa dernière demande de visa lui a été refusée et il a dû choisir l'un de ses trois enfants, car la traversée aurait été trop difficile avec tous, pour quitter Alep et parcourir l'Europe jusqu'en Suède, afin de procéder à la réunification familiale. Bien que parlant français, il ne souhaitait en aucun cas retourner dans un pays qui l'avait contraint à traverser, avec son fils, la Méditerranée en bateau pneumatique. Nous avons aussi rencontré une riche famille d'Alep qui, à Lesbos, logeait à l'hôtel, dînait dans des restaurants, allait à la plage. Le père de famille observait comme de l'extérieur ceux qu'il appelait, lui aussi, les « migrants » et qui dormaient au port. Il ne voulait surtout que sa famille soit assimilée à ce groupe. Deux boxeurs irakiens faisaient aussi parti du groupe.

Lorsque nous avons fait la connaissance des différentes personnes avec lesquelles nous allions prendre la route, je me suis présentée comme une « militante associative à Calais », depuis deux ans dans les « jungles ». Il me semblait nécessaire de justifier ma présence avec eux par mon expérience dans les camps, tout en les avertissant des conditions de vie des migrants en Europe, des violences d'un parcours que je ne connaissais pourtant pas. Cette approche était alors en réel décalage avec la manière dont eux m'abordaient. Leur curiosité portait sur le niveau d'étude, sur la situation familiale, sur les goûts musicaux, sur les modes de vie, etc.

Mes propos de mise en garde étaient aussi contradictoires avec les vidéos montrant des réfugiés accueillis sous les applaudissements dans des gares en Allemagne. Ici, on avait en tête l'accueil empressé qui était réservé aux migrants en Allemagne.

En quelques jours, et au vu des arrivées de plus en plus importantes d'embarcations en provenance de la Turquie, les taxis et les hôtels ne furent plus autorisés à transporter ou à accueillir des personnes sans document d'enregistrement. Celles-ci étaient redirigées vers le port, transformé en zone d'attente composée de tentes, de bâches et d'un seul point d'eau, et sécurisée par la police grecque.

Nous avons rapidement quitté Lesbos par le ferry, la joie collective en sortant du port de Mytilène laissant la place à une tension à l'arrivée au port du Pyrée, à Athènes Où aller ? Dans quelle direction ? Car la tendance en Europe s'était inversée : le « *Welcome refugee* » de Merkel avait été remplacé par la rumeur de la fermeture des frontières, notamment celle entre la Serbie et la Hongrie.

Il fallait donc se presser, trouver les moyens de transport les plus rapides, même si le coût en était plus élevé. De « documentaristes », nous sommes peu à peu devenus des « Européens », chargés d'aider à trouver les points de passage, à négocier les tarifs et à accélérer le pas. Il devint alors de plus en plus difficile pour nous de sortir la caméra. Là où nous souhaitions être témoins, nous nous sommes retrouvés acteurs d'un parcours dont nous ne savions ni les risques ni le chemin.

Des rapports sociaux mais aussi des rapports de pouvoir se sont formés au fur et à mesure de la remontée vers l'Allemagne. Rapport de pouvoir entre « eux » et « nous », entre les différentes nationalités, entre ceux qui ont des *smartphones* et peuvent donc se connecter pour accéder à l'information, et ceux qui n'en ont pas, entre les anglophones et les non-anglophones.

Néanmoins, lors de la traversée des différents pays, le groupe est resté soudé par une perception commune des risques encourus, notamment les risques sanitaires et de sécurité.

Les exilés sont assignés à un couloir migratoire ; en dehors de celui-ci, les risques d'arrestation sont réels. Au sein du groupe, surgissent différentes problématiques liées à l'accès à l'eau, aux supermarchés, etc. Comment rester autonome ? Dans ce couloir, un corridor humanitaire s'est créé, les associations locales et internationales acheminant de l'aide, distribuant des repas, des tentes et des kits de survie. L'autonomie des individus disparaît face à cette aide humanitaire qui se met en place dans la seule zone où la présence éphémère des exilés est tolérée.

Arrivé à Idoméni, frontière entre la Grèce et la Macédoine, le groupe composé de différentes nationalités se divise, les Syriens étant prioritaires, tandis que les Irakiens et les Afghans doivent attendre plus longtemps le passage de la frontière, ce qui engendre des disputes au sein du groupe entre ceux qui pourront passer et ceux qui devront attendre. Chacun met en avant les bonnes raisons qu'il a eues de quitter son pays : « Nous aussi nous avons notre guerre » ; « Nous sommes aussi des réfugiés politiques ». À cette frontière, il n'y a plus de cause collective mais bien une hiérarchie entre nationalités distinguant « bonnes » et « mauvaises » victimes de guerre.

Quant à nous, nous avons dû faire un choix : rester avec une partie du groupe bloquée à la frontière ou continuer avec ceux qui étaient autorisés à la franchir. Ce choix a été totalement arbitraire et difficile à justifier : nous avons décidé de continuer. Nous n'avons cependant pas été autorisés à franchir la frontière non officielle, aménagée spécialement pour le passage des migrants, avec le groupe et avons été redirigés vers un poste douanier situé à 2 kilomètres.

À la frontière macédonienne, le groupe s'est recomposé. Une partie des personnes a été redirigée vers un camp aux abords de la frontière, où elles ont été enregistrées et ont reçu un laissez-passer pour traverser la Macédoine en quelques jours et se rendre en Serbie.

À Belgrade, la rumeur de fermeture de la frontière entre la Serbie et la Hongrie se confirme : elle sera fermée d'ici quelques heures et notre dernière chance est de la rejoindre en taxi. Il nous en coûtera 30 euros pour une heure de trajet alors que le même chauffeur exige 300 euros d'une des familles syriennes.

Nous arrivons à Horgos, ville frontière avec la Hongrie, où, en quelques heures, des centaines de personnes se retrouvent bloquées au milieu d'un champ. Un mur barbelé sépare les deux pays avec, du coté serbe, quelques policiers municipaux et du coté hongrois, la police anti-émeute, un char à eau et un hélicoptère. Des tracts sont diffusés par avion dans les champs serbes[1].

Des tentatives de passage ont lieu au niveau des artères latérales à la frontière. Nous longeons le mur de barbelés mais la présence intimidante des véhicules de police nous oblige à repartir vers le champ. Peu d'associations sont présentes à cet instant ; les médias commencent seulement à arriver. Le lendemain, plusieurs milliers de personnes sont bloquées. Un seul point d'eau, quelques tentes et quelques distributions de pain lors desquelles plusieurs émeutes ont lieu. Le père de famille avec lequel nous voyageons depuis Lesbos, riche commerçant d'Alep, nous demande de ne plus filmer quand il rejoint la file de distribution de pain. Puis la tension monte. Des slogans fusent : « Let us go ! », « We want to go to Germany ! ». Les enfants sont devant le mur barbelé, avec des cartons sur lesquels on peut lire : « Open, Please ». Première sommation en hongrois, puis deuxième sommation et la police charge ; canon à eau et gaz lacrymogène. Les enfants en sont les premières victimes. La foule réplique en jetant des pierres et des bouts de bois.

1. Voir la photographie, ou l'on peut lire : « Les Hongrois sont hospitaliers mais les mesures les plus énergiques seront prises contre ceux qui tentent d'entrer illégalement en Hongrie. Le franchissement illégal de la frontière du pays est un crime punissable d'emprisonnement. N'écoutez pas les passeurs. La Hongrie ne permettra pas aux immigrants illégaux de traverser son territoire ».

L'émeute dure plusieurs heures. Les enfants sont gazés et n'ont pas de vêtements de rechange, les tentes ne sont plus habitables et on manque d'eau et de nourriture. Certaines familles pensent à faire demi-tour, à passer par la Croatie. On nous consulte, attend nos indications. Nous ne savons rien.
Après quelques heures, la police hongroise recule, semblant laisser le passage. La clôture s'ouvre. Des applaudissements, des remerciements sont adressés aux Hongrois. Mais après quelques centaines de mètres parcourus, la police charge à nouveau les exilés, opérant cette fois sur son propre territoire. La clôture se referme et la police matraque et gaze à tout-va, provoquant un mouvement de panique. Les exilés tentent de franchir la frontière du côté serbe mais plusieurs dizaines de personnes sont arrêtées du côté hongrois. Des familles sont séparées, des enfants sont perdus dans le mouvement de foule. Nous-mêmes perdons à ce moment là de nombreuses personnes avec lesquelles nous cheminions depuis Lesbos, notamment le professeur syrien et son fils.
Après cette fermeture de la frontière, un camp s'organise. Le père de famille syrien est alors contraint d'installer sa famille sous des bâches. Cet homme fortement attaché à son identité de « riche commerçant » et qui s'était tenu à distance du groupe de « migrants » aux abords du port de Lesbos, désire maintenant en savoir plus sur la réalité des conditions de vie des migrants en Europe, afin de préparer sa famille. Nous n'avions jamais abordé les raisons de son départ de Syrie ; cette discussion et le besoin de répondre à la question « Comment survivre pour pouvoir poursuivre ? » l'incitent à nous raconter son histoire : les bombes, les destructions, les morts dans sa famille. Sa présence ici, il ne l'a pas choisie, il y a été contraint. Il est ici parce qu'il a dû fuir. Alors qu'à Lesbos, nous ne connaissions de lui que sa situation de « riche commerçant d'Alep », ici, à Horgos, il doit faire face à la pénible nécessité de s'approprier l'identité de migrant, de réfugié. Il doit comprendre au plus vite le territoire sur lequel il se trouve, les risques d'arrestation, les nouveaux dangers qui surgiront, les mots clés

d'anglais, de serbe, de hongrois et d'allemand qui lui permettront de se faire comprendre, et les lieux-refuges vers lesquels il pourra s'orienter. C'est un processus de double désidentification : il doit se distancier de son identité sociale d'origine, rendre compte des persécutions qu'il a subies, des raisons de son départ, et, surtout, s'approprier malgré lui, l'identité qu'on lui assigne ici, celle de migrant.

À partir de ce moment, un second décalage s'instaure entre « eux » et « nous », car là où leurs déplacements deviennent de plus en plus risqués, les nôtres sont protégés, sécurisés. Certains nous demandent pourquoi nous restons, pourquoi nous acceptons de vivre cette situation alors que nous pourrions repartir chez nous, en sécurité. Nous n'avons qu'à décider d'abandonner le parcours, il nous suffit pour cela d'appeler un taxi et de passer la frontière officielle située à quelques kilomètres de là. C'est d'ailleurs une question que nous nous sommes posée après l'émeute et face à la difficulté de rester témoin de cette violence : demeurer sur place, dormir sous la tente ou se distancier et revenir le lendemain. Subir ou partir.

Nous poursuivons la route avec deux jeunes gens dont l'un se présente comme un champion de boxe en Irak. Le rapport est différent avec eux : ils regardent les dangers de la situation comme un défi, une aventure consistant à déjouer les contrôles policiers, la fermeture des frontières. Ils ont tout deux subi des actes de torture dans leur pays, ils ne craignent pas le gaz lacrymogène.

Nous arrivons en Allemagne après trois semaines de parcours. Lors d'un contrôle d'identité dans un bus, nous sommes séparés des deux Irakiens. La police allemande cherche des « clandestins » aux frontières ; des policiers accompagnés de chiens font des battues dans les bois à la recherche de ces réfugiés devenus du jour au lendemain des clandestins.

Nous arrivons à Munich, seuls avec notre caméra, le week-end de la Fête de la bière. Un campement proche de la gare de Munich a été déplacé en dehors de la ville pour éviter « un choc interculturel », selon les arguments de la municipalité munichoise.

Au Liban la différence de statut entre les Syriens et les Palestiniens de Syrie conduit à des traitements différenciés et à des accès à l'aide à l'éducation ou à la santé différents, tout en entraînant une discrimination dans la possibilité de réinstallation des Palestiniens, comme toujours parias parmi les parias. Entre solidarité et hiérarchisation des étrangers, les groupes et les collectifs parviennent à cohabiter au Liban dans des conditions toujours plus difficiles.

Partout, avec les Libanais démunis, les Irakiens chrétiens relativement à l'aise, des hiérarchisations s'instaurent qui segmentent le complexe entrelacs des nationalités et des communautés présentes dans le pays. À l'instar de certains professionnels de la santé mentale qui rabattent leurs patients syriens sur leur situation « de pauvreté et dénuement, d'ignorance et de traditionalisme aveugle, liés à une origine (vraie ou prétendue telle) rurale »[1], les stéréotypes sur les Syriens circulent au sein de certains segments de la population libanaise.

Ainsi, dans une petite ville de la montagne libanaise, les Irakiens sont bien mieux accueillis que les Syriens car de confession chrétienne, contrairement à ces derniers. Mais les positions d'établi et de relégué (ou d'*outsiders* pour employer le langage du sociologue Norbert Elias[2]) sont variables ; sur le marché de Ṣabra, les Syriens représentent les installés par rapport aux migrants du Bangladesh qui occupent à la fois le bas de l'échelle sociale et les interstices dans l'espace du marché,

1. Hala Kerbage Hariri et Filippo Maria Marrancconi, « Les services de santé mentale pour les réfugiés syriens. Entre politiques de l'humanitaire et politiques du soin », *Hommes et migrations*, n° 1319, *Réfugiés et migrants au Liban*, septembre-décembre 2017, p. 92.

2. Voir Norbert Elias et John L. Scotson, *Logiques de l'exclusion*, Paris, Fayard, 1997.

pour vendre leurs propres produits asiatiques. La position d'établi est donc à la fois contextuelle et réversible, comme l'est celle de relégué. Les contextes, comme les situations, sont eux-mêmes mouvants : les Syriens souvent stigmatisés se trouvent, parfois, privilégiés dans le dispositif d'attribution de l'aide (ils bénéficient d'un accueil spécifique) et dans le traitement de leur dossier.

Comment faut-il conclure un tel ouvrage ? Les évènements actuels en Syrie montrent que nous sommes probablement encore loin d'une résolution du conflit ; alors que des Syriens continuent pourtant de circuler entre Liban et Syrie, d'autres sont immobilisés, n'osant sortir des espaces écarts de peur d'être arrêtés pour défaut de papier de résidence. Dans ce contexte, la situation ne pourra évoluer de façon significative dans les jours et mois qui viennent.

Il faut donc en prendre la mesure : au Liban, 1 habitant sur 4 est désormais étranger, et les Syriens, ces étrangers proches, en forment le contingent de loin le plus important avec près d'un millions d'enregistrés au HCR en 2018[1]. Si l'État libanais n'a pas à assumer financièrement cette présence, puisqu'elle est supportée par la communauté internationale, cette proportion donne une idée de l'effort consenti par les Libanais dans un pays déjà soumis à l'instabilité politique, à des inégalités socioéconomiques grandissantes et à une importante pression démographique aux conséquences environnementales désastreuses (notamment sur la ressource aquifère). Puisque cet ouvrage est destiné à un public francophone voire français, qu'il soit permis de conclure en rappelant un fait : la proportion de réfugiés qui ont demandé l'asile en 2017 au regard de sa population totale est, en France, de 1 pour 700 habitants.

1. Voir UNHCR, « Syria Regional Refugee Response », 28 février 2018 (consultable sur huit.re/07Tthckf).

Pour aller plus loin

Ouvrages et articles

Hala Caroline Abou Zaki, *Chatila à la croisée des chemins. Guerres, mémoires et urbanités dans un camp de réfugiés palestiniens*, École des hautes études en sciences sociales, thèse en anthropologie, 2017

Michel Agier, *La condition cosmopolite. L'anthropologie à l'épreuve du piège identitaire*, Paris, La Découverte, coll. «Sciences humaines», 2013

Babels, «L'accueil des réfugiés syriens à Istanbul. Fraternité islamique et monopolisation politique du champ associatif», in Babels, *Entre accueil et rejet. Ce que les villes font aux migrants*, Lyon, Le passager clandestin, coll. «Bibliothèque des frontières», 2018

Bayram Balci et Juliette Tolay, «La Turquie face aux réfugiés syriens. Entre engagement humanitaire et instrumentalisation politique», *Les études du CERI*, n° 225, décembre 2016

Cris Beauchemin et Mathieu Ichou (dir.), *Au-delà de la «crise des migrants». Décentrer le regard*, Paris, Karthala, 2016

John Chalcraft, *The Invisible Cage. Syrian Migrant Workers in Lebanon*, Stanford, Stanford University Press, 2009

Assaf Dahdah, *Habiter la ville sans droits. Les travailleurs migrants dans les marges de Beyrouth*, université Aix-Marseille, thèse de géographie, 2015

Kamel Doraï et Nicolas Puig (dir.), *L'urbanité des marges. Migrants, réfugiés et relégués dans les villes du Proche-Orient*, Paris, Téraèdre, 2012

FMR, «Syrians in Displacement», *Forced Migration review*, n° 57, février 2018

Liliane Kfoury et Nicolas Puig (dir.), *Réfugiés et migrants au Liban*, *Hommes et migrations*, n° 1319, septembre-décembre 2017

Elisabeth Longuenesse (dir.), *La société libanaise à l'épreuve du drame syrien*, *Confluences Méditerranée*, vol. 1, n° 92, 2015

— et Laura Ruiz de Elvira Carrascal, «La société syrienne, entre résilience et fragmentation», *Confluences Méditerranée*, vol. 4, n° 99, 2016

Franck Mermier, «Les fondations culturelles arabes et les métamorphoses du panarabisme», *Arabian Humanities*, n° 7, 2016

Delphine Pagès-El Karoui et Hassan Boubakri (dir.), *Migrations au Maghreb et au Moyen-Orient. Le temps des révolutions*, *Revue européenne des migrations internationales*, vol. 31, n° 3-4, 2015

Élisabeth Picard, *Liban-Syrie, intimes étrangers*, Arles, Acte Sud/ Sindbad, coll. «La Bibliothèque arabe», 2016

Edward Said, *Réflexions sur l'exil et autres essais*, Arles, Actes Sud, 2008

Sites internet

The creative memory of the Syrian Revolution (www.creativememory.org)

Unrwa Liban (www.unrwa.org/where-we-work/lebanon)

UNHCR Urgence Syrie (www.unhcr.org/syria-emergency.html)

Souria Houria (souriahouria.com/)

Films

Eau argentée, d'Ossama Mohammed (2014)

Syrie, déluge au pays du Baas d'Omar Amiralay (2004)

The Taste of Cement, de Ziad Kalthoum (2018)

Les contributeurs

Hala Abou Zaki est anthropologue. Ses travaux portent sur les camps de réfugiés palestiniens au Liban, les enjeux de mémoires de guerres au Liban et la dispersion actuelle des familles palestiniennes et syriennes au Moyen-Orient et en Europe [chapitre « Réfugiés de Syrie dans les camps de réfugiés palestiniens au Liban. Le cas de Chatila »].

Mohamed Aïta est réfugié à Marseille. Originaire de Damas où il était mécanicien, il a dû fuir la Syrie pour échapper à la répression du régime [encadré p. 14-21].

Céline Barré travaille depuis plusieurs années à Calais et au sein d'ONG internationales, notamment en Grèce, dans le *hotspot* de Moria à Lesbos. En septembre 2015, elle fait l'expérience du parcours migratoire de Lesbos jusqu'à Munich avec un groupe de réfugiés [encadré p. 113-120 et illustration, p. 117].

Assaf Dahdah est docteur en géographie, chercheur associé aux laboratoires CNRS Telemme et Lest. Il a réalisé sa thèse sur la place des migrants non arabes dans les marges de Beyrouth et travaille actuellement sur les expériences exiliques et urbaines à Marseille, Beyrouth et Zgharta (nord-Liban) [Introduction, encadré p. 14-21 (trad.), chapitre « L'exil, l'attente et la ville. L'expérience contrastée des Syriens et des Irakiens à Zgharta », illustrations p. 101, p. 103 et p. 104 et cartes p. 9, p. 18-19 et p. 78].

Didem Danış est sociologue et actuellement maître de conférence à l'université Galatasaray, Turquie. Ses recherches portent sur les politiques d'immigration, les réseaux sociaux des migrants irréguliers, l'accueil et l'intégration des réfugiés en Turquie [encadré p. 87-91].

Leila Drif est doctorante à l'EHESS (Iris) associée à l'Ifpo. Elle prépare une thèse en anthropologie sur la production et l'organisation des territoires d'accueil des réfugiés syriens dans les marges de la banlieue sud de Beyrouth. Dans ce cadre, elle enquête sur les reconfigurations du champ associatif local, produites par l'aide internationale du Plan de réponse à la crise au Liban, et sur ses effets sur les économies domestiques des déplacés syriens [chapitre « Les trajectoires de l'aide. L'accès des réfugiés syriens aux institutions d'assistance » et illustration p. 35].

Emmanuelle Durand est doctorante (Iris-EHESS, Ifpo, CNRS) et consacre ses travaux de recherche sur la fabrique de l'urbanité par le prisme des logiques commerciales ambulantes et/ou de rue des migrants et réfugiés au Liban. Sa thèse en anthropologie porte sur les migrations, les places marchandes et le commerce populaire, en banlieue est de Beyrouth (Liban) [encadré p. 43-44 et chapitre « Beyrouth, ville-carrefour, ville itinérante »].

Franck Mermier est anthropologue, directeur de recherche au CNRS (Iris). Ses recherches portent sur le Yémen et le Liban, ainsi que sur les sociétés urbaines et la production culturelle dans le monde arabe. Il a notamment publié *Le livre et la ville. Beyrouth et l'édition arabe* (Actes Sud, 2005) et *Récits de villes. D'Aden à Beyrouth* (Actes Sud, 2015) [chapitre « Beyrouth, au carrefour d'une nouvelle culture syrienne »].

Valentina Napolitano est chercheuse à l'Institut français du Proche-Orient (Ifpo) à Amman. Ses recherches portent sur les migrations forcées, la violence politique et l'action collective au Proche-Orient, et notamment en Syrie. Après avoir travaillé sur la question du militantisme en contexte contraint et autoritaire, elle aborde à présent les transformations des rapports sociaux et familiaux en contexte de guerre et de déplacement forcé, et plus précisément chez les réfugiés syriens en Jordanie [encadré p. 49-54].

Nicolas Puig est anthropologue, directeur de recherche à l'IRD (Urmis). Il travaille sur les rapports d'altérité dans les villes arabes, au Liban (réfugiés palestiniens) et en Égypte (Le Caire). Il a dirigé avec Kamel Doraï *L'urbanité des marges. Migrants et réfugiés au Proche-Orient* (Téraèdre, 2012) et vient d'éditer avec Liliane Kfoury le numéro *Réfugiés et migrants au Liban* de la revue *Hommes et migrations* (2017) [introduction, conclusion et illustration p. 57].

IMPRIMÉ EN FRANCE

Dépôt légal : 2e trimestre 2018

Achevé d'imprimer en mai 2018
sur les presses de l'imprimerie « La Source d'Or »
69039 Clermont-Ferrand

Numéro d'impression : 20305K

ISBN : 978-2-36935-211-2